中国博物馆手册
Guidebooks for China's Museums

南通博物苑
Nantong Museum

杜嘉乐　李万万　编著

目 录
Contents

001

创始人张謇
Zhang Jian, the Founder

011

中国第一馆
The First Chinese Museum

021

建筑特色
Architectural Characteristics

031

重要馆藏
Collection Highlights

161

基本陈列
Permanent Exhibitions

183

主题展览
Thematic Exhibitions

209

社会教育
Social Education

231

学术交流
Scholarly Exchanges

257

参观指南
Visit Us

创始人张謇
Zhang Jian, the Founder

张謇,清末状元,著名爱国实业家、教育家、思想家、社会活动家。在中国社会向近现代过渡时期,他直接参与了全国性的政治、经济、社会的重大事件,也亲身组织领导了南通地方自治的实践,从而探索了一条适合中国国情的早期现代化道路,其影响"倾动东南,波及全国"。身为实业救国的典范,他创办了纺织、农业、油脂、造纸、冶金、粮食加工等一系列企业,造就中国最早的生态循环产业链;身为教育救国的先驱,他陆续兴办并带动士绅创办了400多所学校,兴建了博物苑、图书馆、更俗剧场、体育场等众多社会公共机构;作为慈善家,他把慈善与教育、文化融为一体。在他经营下,南通也成为中国近代史上最早由国人自主建设和全面经营的城市典范,其起始之早、功能之全、理念之新、实践意义之强,堪称"中国近代第一城"。

中国早期现代化的先驱
——张謇

Zhang Jian, Forerunner of China's Early Modernisation

2020年7月21日,在企业家座谈会上,习近平总书记说到"从清末民初的张謇,到抗战时期的卢作孚、陈嘉庚,再到新中国成立后的荣毅仁、王光英,等等,都是爱国企业家的典范。"2020年11月12日下午,正在江苏考察调研的习近平总书记来到南通博物苑,参观张謇故居濠南别业及张謇生平展陈,了解张謇兴办实业救国、发展教育、从事社会公益事业情况。习近平总书记指出,张謇在兴办实业的同时,积极兴办教育和社会公益事业,造福乡梓,帮助群众,影响深远,是中国民营企业家的先贤和楷模。张謇的事迹很有教育意义,要把这里作为爱国主义教育基地,让更多人特别是广大青少年受到教育,坚定"四个自信"。

勋章张謇原图

张謇（1853—1926），字季直，号啬庵。中国近代爱国实业家、教育家、社会事业活动家。1853 年（清咸丰三年），张謇出生于江苏海门常乐镇，父祖以上数代都以农商为生。为了改变家庭命运，他在幼时就被父亲送入私塾学习，希望由此走出一条由读书进入仕途的道路。12 岁时，塾师出上联"人骑白马门前去"，他当即对以"我踏金鳌海上来"。因对仗工整，语气不凡，一时传为佳话，被认为是中状元的先兆。

张謇 15 岁开始进入科举试场，从此在科举道路上历尽坎坷，勤奋拼搏。21 岁时，因家境中落，张謇应江宁发审局孙云锦之邀，开始了游幕生涯，从而结识了许多有声望的师友，增长了学识。23 岁时，他加入淮军吴长庆幕府，任机要文书，随军赴朝鲜平息乱事，初显其政治、军事才华。而其才识受到当朝尚书翁同龢的赏识，后更与之建立起师生关系。

1894 年（清光绪二十年），清政府为慈禧庆寿特设"恩科"会试。张謇遵从父命，赴京赶考，殿试登一甲第一名，高中状元，遂被授予翰林院修撰之职，步入官场。不久，中日甲午战争爆发，张謇与恩师翁同龢坚决主战，他还上书弹劾大权在握的李鸿章"战不备、败和局"，主和误国，表现出大无畏的爱国精神。

1895 年，清政府与日本签订了丧权辱国的《马关条约》，此举激起张謇极大的愤慨和忧虑，在落后挨打的现实面前，他认为只有发展民族工业才能抵制帝国主义的侵略，并且士大夫有不容推卸的责任。于是，在湖广总督张之洞的支持下，他在家乡通州筹办起大生纱厂，开始了"实业救国"的实践。张謇充分认识到"立国由于人才，人才出于立学"，在发展实业取得一定积累的基础上，他又大力开办教育事业，开始形成他"父教育、母实业"的强国富民思想。他以南通为基地，以地方自治的形式展开系统的设想与实践，并希望由此而推广到江苏乃至全国。

张謇题通州师范学校校训

1903 年，张謇应邀参观日本第五次国内劝业博览会，并对日本工农业与教育进行了 70 多天的实地考察，亲身体会到明治维新给日本社会带来的巨大变化。回国后，他积极地投入立宪运动，并成为立宪派的领袖人物。

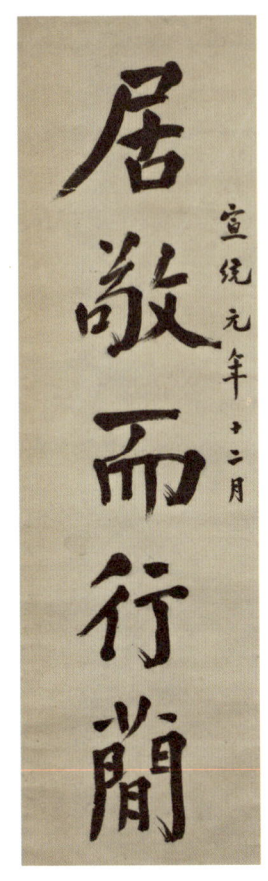

行楷五言联

1911年，孙中山领导辛亥革命，张謇顺应历史潮流，毅然转向拥护共和。1912年1月1日，中华民国临时政府成立，孙中山就任临时大总统，张謇被任命为实业部总长。

1913年，张謇为实现他思谋已久的强国安民的方针政策以及他梦寐以求的"棉铁主义"，就任北洋政府农商总长兼水利局总裁。两年间，张謇主持全国农林、工商政务，编订颁布有关工商矿业、农林水利、渔牧业、度量衡、银行证券、引用外资等20余个法规条例，对我国民族资本主义工商业的发展起到了积极的推动作用。

1915年，袁世凯称帝阴谋暴露，张謇劝说无效，愤而辞职。从此，他倾注全部精力对家乡南通进行全面的建设。在他的苦心经营下，原本闭塞落后的南通发生了天翻地覆的变化，一跃成为当时中国的模范城市。而这一切，都是在没有政府经济资助的状况下依靠自身的力量完成的。张謇对南通的全面经营，是希望以自己的努力来建设一"新世界之雏形"，并由此向全国推广，从而使国家走上富强之路。他在实践中表现出的爱国之忱，则更是留给后人的无比珍贵的精神财富。

1916年，张謇被推举为中国银行股东联合会会长；1918年，"主

创始人张謇　中国第一馆　建筑特色　重要馆藏　基本陈列　主题展览　社会教育　学术交流　参观指南

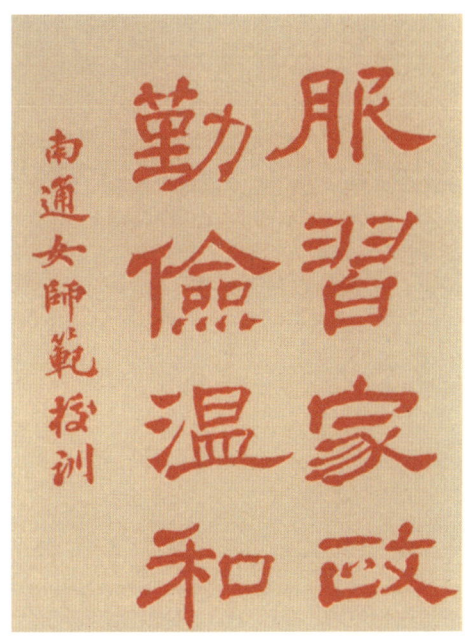

张謇题女子师范学校校训

张謇题南通医学专门学校校训

大生一厂

通海垦牧公司

张国际税法平等会"在沪成立,张謇被推举为会长;1920年,张謇被推举为中国矿学会及中国工程师学会会长;1922年,张謇被推举为交通银行总理。

1926年8月24日,张謇因病逝世,葬于南通市南郊。墓上不铭不志,此前,他曾为墓门自拟联语:"即此粗完一生事,会须身伴五山灵。"张謇的一生是勤劳的一生,他有着宏大的抱负和坚强的性格,终生抱定"实业救国、教育救国"的爱国热忱。实业是张謇一生事业的

天生港大达轮步公司码头

上海大达轮步公司

复兴面粉公司

主体,以大生纱厂为中心,他先后创办了通海垦牧公司、大达轮船公司、复兴面粉公司,资生铁冶公司、淮海实业银行等数十家企业,并投资江苏省铁路公司、镇江大照电灯厂等企业,为我国近代实业贡献了毕生精力。在发展教育与公益事业方面,他先后创办了通州师范学校、初等小学、中学、农业学校、纺织学校、博物苑、女红传习所、医院、图书馆等。他的教育思想与办学实践,在中国近代教育史上占有重要地位。张謇尊重科学,爱护人才,扶植新建学术社团,提倡科学应该为社会经济服务的正确方针,与许多科学家建立友谊。把戏剧改革与社会改良联系起来,也是张謇的高见卓识。他创建了伶工学社及更俗剧场,与梅兰芳、欧阳予倩等的交往更是实业家与艺术家联手的一段佳话。

胡适先生说:"张季直先生在近代中国史上是一个很伟大的失败的英雄,他独立开辟了无数新路,做了三十年的开路先锋,养活了几百万人,造福于一方,而影响及于全国。"

通州师范学校

南通纺织专门学校

南通医学专门学校

> 南通图书馆

> 公共体育场

女红传习所

02

中国第一馆
The First Chinese Museum

南通博物苑由晚清状元、近代伟大的爱国主义者、著名实业家、教育家张謇于1905年创办，是中国人创办的第一座公共博物馆。南通博物苑以"设为庠序学校以教，多识鸟兽草木之名"为办苑宗旨，融合了中国古代园林与近代博物馆理念，具有馆园一体的鲜明特色；先后被评为全国重点文物保护单位、国家一级博物馆、全国文明单位、全国民营经济人士理想信念教育基地、全国爱国主义教育示范基地。

2020年11月12日，习近平总书记视察南通博物苑并作出重要指示，要把南通博物苑和张謇故居作为爱国主义教育基地，让广大民营企业家和青少年受到教育，增强社会责任感，坚定"四个自信"。

南通博物苑积极践行总书记嘱托，弘扬爱国主义精神，创新开展文博活动，积极传播科学文化，丰富公众文化生活，已成为公众接受爱国主义教育的重要阵地和人们了解南通、亲近科学、接受文化熏陶及休闲旅游的理想场所。

南通博物苑位于风光秀美的濠河之滨，由晚清状元、近代伟大的爱国主义者、著名实业家、教育家张謇于 1905 年创办，是中国人创办的第一座公共博物馆。南通博物苑以"设为庠序学校以教，多识鸟兽草木之名"为办苑宗旨，是一座融合中国古代园林与近代博物馆理念的综合性博物馆。1988 年被国务院公布为全国重点文物保护单位，2008 年跻身国家首批一级博物馆行列，2011 年被评为第三批全国文明单位。

历经一百多年沧桑，如今的博物苑总占地面积 7.21 万平方米，建筑面积 1.69 万平方米，具有馆苑一体的鲜明特色。全苑分为历史保护区与新馆区，历史保护区由濠南别业、中馆、南馆、北馆、东馆、藤东水榭、谦亭等历史建筑及国秀坛等园林景观构成。新馆区由两院院士吴良镛先生领衔规划设计，于 2005 年南通博物苑百年苑庆之际建成并对外开放。

南通博物苑常年免费对外开放。举办有"江海古韵——南通古代文明陈列""巨鲸天韵——江海鲸类生物资源专题陈列""南通博物苑藏金石碑帖陈列展""南通范氏诗文陈列""中国早期现代化的先驱——张謇"专题展及其故居复原陈列等基本陈列展览，不定期推出高质量文化艺术专题临时展览以及巡展，开展丰富多彩的品牌社教活动和志愿服务，定期开展"一博讲坛"学术讲座及道德讲堂等，满足公众多样化的文化需求。

2020年11月12日,习近平总书记视察南通博物苑并作出重要指示,要把南通博物苑和张謇故居作为爱国主义教育基地,让广大民营企业家和青少年受到教育,增强社会责任感,坚定"四个自信"。

为践行总书记嘱托,讲好张謇故事,弘扬爱国主义,南通博物苑在做好原有张謇业绩展和南通地域文化等展览的基础上,策划举办了"爱国企业家的典范、民族企业家的楷模、民营企业家的先贤——张謇"展,让公众近距离感受张謇的爱国情怀、开放胸襟、创新精神和诚信品格,薪火相传,承续先贤优秀品质。与张謇企业家学院携手,共同打造现场教学基地,进一步激发广大企业家的爱国之情、报国之志,勇担社会责任。实施整体提升工程,将博物苑建设成公众培养爱国情感、培育民族精神的重要阵地,青少年培育践行爱国主义的重要课堂,企业家增强社会责任感的重要平台,打造成中国博物馆事业的朝圣地,擦亮"中国第一馆"品牌。

通过历年来的不断努力,南通博物苑现为南通市濠河5A景区的核心单位,被授予"全国爱国主义教育示范基地""全国科普教育基地""全国民营经济人士理想信念教育基地""中央社会主义学院教学基地"等。

如今的博物苑内新老建筑组合和谐,浓郁的文化氛围和优美的园林环境既展现历史的典雅,亦洋溢着新时代的光彩,这里已成为人们了解南通、亲近科学、接受文化熏陶及休闲旅游的理想场所。

南通博物苑 新馆

张謇故居 · 濠南别业

03

建筑特色
Architectural Characteristics

南通博物苑位于风光秀美的江苏省南通市崇川区濠河之滨，馆内主要有南馆、中馆、北馆、东馆、濠南别业、新展馆、南通范氏诗文世家陈列馆等建筑。

南馆建于1906年，初名"动矿物陈列室楼"，后称"博物馆"，是博物苑主要的陈列室，当年陈列天产、历史、美术、教育四部；中馆建于1906年，始称"测候所"，用以测报天气，是中国最早的气象观测机构所在地，1914年，测候所迁至农校，中馆改建后，作为金石碑帖陈列室；北馆建于1911年，当初本是作为金石书画陈列，后由张謇改建，除鲸骨架外，还陈列了苑中所藏许多其他动物的骨骼标本和化石；东馆建于1914年，又称"苑事室"，是当年博物苑的办公室和接待室；濠南别业建于1914年，起初为张謇先生居住、办公的场所，现举办主题为"中国早期现代化的先驱——张謇"展陈；新展馆建于2005年，位于博物苑南侧；南通范氏诗文世家陈列馆是为了保存乡邦文献、传承前代文脉，由范氏诗文世家的当代传人，即当代著名学者、诗人、书画家范曾先生捐资在其家乡的南通博物苑所建设。

创始人张謇　中国第一馆　**建筑特色**　重要馆藏　基本陈列　主题展览　社会教育　学术交流　参观指南　　023

濠南苑囿郁璘彬，风物骈骈与岁新

The Garden South to the Hao River Holds Ordered Verdure, Gathered Objects Evolve over Time

南通博物苑早期概貌

南通博物苑由晚清状元、近代著名实业家、教育家、社会活动家张謇于 1905 年创办，是中国第一座公共博物馆。在创办博物苑的规划、建设过程中，张謇以其对博物馆职能的深切理解，创造性地将中国古代苑囿艺术和西方近代博物馆理念相融合，营建成一种陈列馆舍与园林环境有机结合的形式，使博物馆在中国诞生之时，就体现出浓郁的本土化民族特色。

博物苑展馆与园林结合，室内陈列与室外展示并重，静止的标本与活生生的动植物相映，既充分体现了张謇"设为庠序学校以教，多识鸟兽草木之名"的办馆宗旨，又很好发挥了博物馆传播历史文化与科学知识的功能；苑内各具特色的建筑和精心布局的景点，又为人们的学习、休闲营造出高雅的环境氛围。

南通博物苑的创办历程

1906 年，也许是张謇等人的奏请效果，清朝政府将博物馆事业纳入教育行政管理的职责范围。学部专门司设有庶务科，图书馆、博物馆、天文台、气象台等均归办理；会计司的建筑科，掌学部直辖各学堂、图

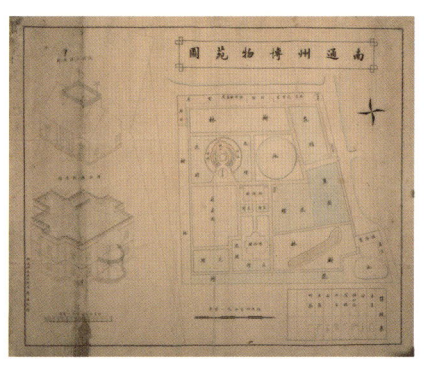

^
1909 年博物苑规划图

书馆、博物馆之建造营缮。地方官制方面，学部奏定的《各省学务详细官制及办事权限章程》，各省学务公所设有图书课，有管理图书馆、博物馆职能。然而设立国家博物馆的建议迟迟不能付诸实施。这时张謇已率先从其家乡做起，以其个人的财力在通州师范学校以西，购地移冢，平土筑垣，兴建了南通博物苑。

据资料载，清光绪三十一年十二月九日（1906 年 1 月 3 日），张謇先生在他的日记里记着："规划博物苑"。这是所能见的有关建设博物苑的最早的文字记载。（由上述创建的思想过程来看，）这并不意味博物苑的创建只从这一天开始的。

《南通地方自治十九年之成绩》在博物苑的条内记着：光绪31年完成征购土地、迁居移坟后，于11月开始"筑苑垣，建苑表门、苑门房、规划苑内外道路。"由此可见，博物苑的建设那时就已经开始了。

对教育的重视，是张謇建设博物苑的一个重大特征。如张謇题写并张挂在苑内主楼南馆的对联"设为庠序学校以教，多识鸟兽草木之名"，就是专门强调了博物馆的教育职能。在苑藏品分部时，更将原定三部，即天产（自然）、历史和美术，抽出有关教育的藏品另分出教育部。于此可见其对教育的重视。而这种对教育的高度重视，也恰恰适应着当时社会对博物馆的需求。

张謇在上书张之洞建议京城设立帝室博览馆时曾提出："所最注重者则择地，其地便了交通，便于开拓者为宜。"而对于环境则提出：展馆之间"贯通之地宜间设广厅，以备入观者憩息"。并且"隙地则栽植花木，点缀竹石"，认为这样做是"非恣游观，意取闲野"。用现在的"术语"讲，就是通过环境的营造来减少或消除观众的"博物馆疲劳"。所谓"博物馆疲劳"，是指观众在参观博物馆过程中逐渐出现的精力耗竭、注意力涣散、认识活动机能衰退等现象，它是妨碍观众进一步参观和影响学习效果的重要原因。

南通博物苑在防范博物馆疲劳方面似乎别有会心，它择地于风景优美的濠河之滨，其中不仅陈列文物标本，还饲养禽鸟及开辟花坛药圃，广植花木，并安排有假山、池沼及亭台楼榭等园林设施，形成一个既是博物馆而又兼具动植物园及传统园林性质的优美组合。所以，博物苑在诞生初期就是一个融历史文化的传播与自然科学的普及于一体的博览园。

南通博物苑早期历史建筑

博物苑建成后，吸引了国内外众多游客前来参观，根据现存的游记对于当初博物苑的盛况能够有所了解："该苑在农科大学北部之侧，濠南别业之后，开办于前清光绪三十一年，亦张季直先生捐资自办者，经费二千元，

1914年博物苑测绘图

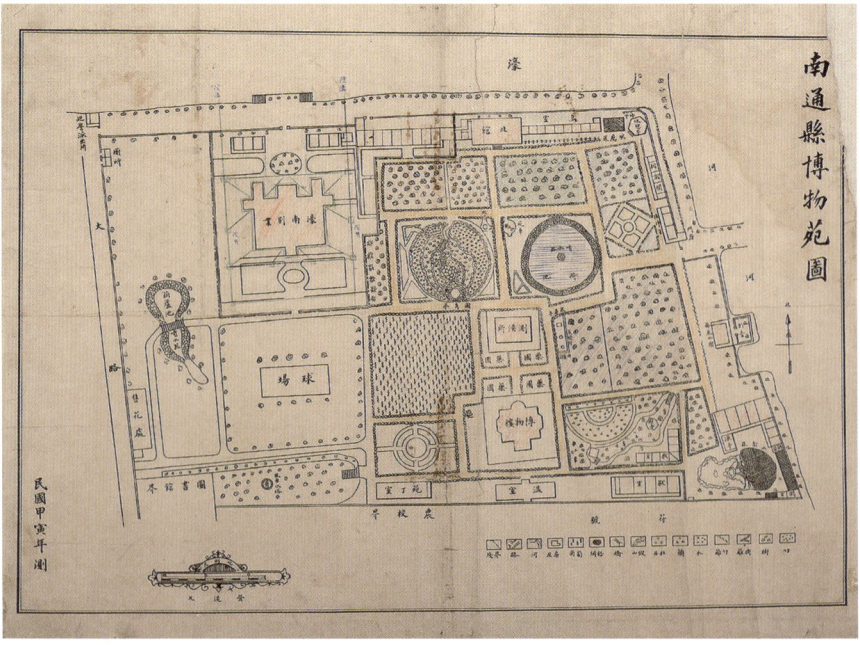

占地四十八亩许,精筑北馆、中馆、南馆,藏历代珍器、名人字画及各种标本外,尚有楼台、花木、池沼、假山,俨然一苑园也。"

中馆

最初名为测候所,为三开间中式平房,上部加盖一间二层尖顶小楼。1906 年 12 月建成,是苑内最早建成的场馆。建成时共三间,中间一间为会客室,西房为职员寝室,而东房才是工作室。测量风力、雨量等的仪器则装在房顶平台上。另外,在测候所外的东侧还设了一个寒暑亭,定时测量气温变化。这些仪器购于日本,于 1908 年秋安装。从 1909 年开始,每天所测而得的气象预报,就揭示于所前的木牌上,并同时登载于地方报纸。这是中国人办的最早的测候机构。

1907 年,张謇有感于外国传教士在华创设盲哑学校,建议政府也有以创建。同样,他的建议未见采纳,这才自行创设。为了培养特殊教育的师资,他决定先行开设盲哑师范传习所。其时正因测候所迁入农校,而预办的金石陈列尚在准备,中馆便成为传习所的所址。

测候所撤出后,张謇就将此改称中馆了。时值浙江人张之骞赠送给张謇《华严经塔立幅》,这一巨幅作品,是用整部《华严经》的文字组成宝塔形状碑刻拓片,异常壮观。为了便于张挂,张謇命工匠改造原观象平台,在上面加盖了一座尖顶气楼,并为气楼题写了"华严台"的匾额。

有了巨幅《华严经塔》,张謇则准备将此

早期的中馆

中馆

办成一个金石拓片的陈列室,与北馆的书画、南馆的绣品等相呼应。至于把陈列拓片的范围限制于江苏,在他的中馆匾跋中有所说明。"中馆。中国金石至博,私人财力式微,搜集准的,务其大者,不能及全国也,以江苏为断,不能得原物也,以拓本为断。甲寅十二月,啬翁"。出版于 1920 年的《南通实业、教育、慈善、风景图册》中,印有中馆改造后的照片,图旁说明,内"藏严华经及江苏各种碑帖"。

∧
南馆

南馆

建于 1906 年,是一座英式二层洋楼,每层三间,平面呈十字形,楼顶的边缘砌有雉堞,屋顶及亭式阳台俱为红色,与爬满四壁的绿藤相映成趣,是苑内最主要的陈列室。初名"动、植、矿物陈列室",1907 年建成后名为"博物馆",等到北馆、中馆与它形成一轴线后、它才被称为南馆。

1908 年初张謇雇木匠按算式环绕南馆四壁打制过陈列用橱,而这些橱都有门,且安装着玻璃。陈列的物品,楼下是天产部的标本,楼上则是历史部的藏品和美术部中除书画以外的文物。按照张謇的陈列理念,这些展品应是"分别部居,不相杂厕"的,并且"天然部以所产所得之方地为等差,历史、美术二部以所制造之时代的等差"。

∧
北馆

北馆

于 1911 年 5 月开工,四个月后落成,是上下各五开间的二层楼房。建成的北馆上下各五开间,展示部分的宽度正好与藏品中的一幅清代南通画家钱恕的《江山雪景图》长卷相等,楼的设计,就是根据这一长卷的展开长度而考虑的。为了展示这一长卷,还定做了一排长长的木架。

就在北馆金石书画的陈列紧锣密鼓地进行时,东海之滨的一个发现改变了陈列结构。原来,通海垦牧公司的民工在滩涂发现了一头搁浅而死的巨鲸。

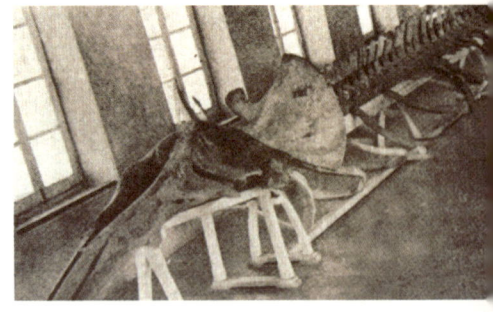

∧
陈列在北馆的大鱼骨长达 40 英尺,是从垦牧公司的地中出土的

正因为有了这具巨鲸骨骼,张謇决定腾出北馆的底层用来陈列,同时把天产部的各种化石标本也一并陈列于此。这样,北馆的陈列便按楼层分为两大类别,楼上成为书画的专题展厅。早期博物苑的书画藏品,最显著的特征是它的区域性,因为全是本地区古代书画家的作品。

谦亭

建成于1911年春的谦亭,当时还有一个名字叫"师范校休疗室",这是座坐北朝南的凹字形平房,房基被抬得很高,故觉得很轩敞。它的位置在藤东水榭的南边,紧临那被称为"水禽寀"的椭圆形水池。

习所,为发展刺绣艺术、培养工艺人才作出很大的贡献。因为身体孱弱,疾病时作,故尤为张謇关爱。1917年就是因养病而两度借住谦亭。年底,张謇把谦亭正中的一间命名为"味雪斋"。

在养病期间,沈寿曾表示欲拜张謇为师而学诗;而秀外惠中的沈寿在张謇看来又无疑是位不可多见的奇女子,所以问寒嘘暖,呵护有加。张謇的关爱使沈寿铭感,她曾用黑发绣成"谦亭"二字,作为借住养病的报答。

1921年沈寿病逝后,张謇曾与她的胞兄右衡、胞姊立在此设奠为祭,沈寿的遗像曾一度挂在谦亭之内,这对张謇来讲是表示一种

∧
谦亭

谦亭既作为休疗室,而师范校里并不常有教师来此养病,倒是濠南别业建造之前,张謇有时借住于内,有时更用来接待来宾。如1913年6月,大生股东余寿平、徐积余、刘聚卿、单冶堂等来通视察垦区建设,就曾下榻于此。

1917年吴县沈寿女士来此养病。沈寿,字雪君,号雪宦,是闻名中外的刺绣艺术家。1914年8月应张謇之邀来南通主持女红传

深深的纪念。

南通博物苑早期园林景观

博物苑的花木,除具备一般园林花木的功用外,还肩负有更大的使命。这是因为它在苑内还被看成是室外的有着生命的展品,是科学知识的传播媒介。特有的使命,致使博物苑的花木在种类选择和区域配置等方面更显得经意。

因此，张謇为了将博物苑经营好，请扬州石工为国秀坛垒太湖石，并征集各种竹、兰、牡丹等植于苑内。而后又陆续建苑事接待室、藤东水榭、国秀亭、谦亭（味雪斋）、花竹平安馆、壶外亭等，水禽寀饲养鸟兽，在苑中精心设置假山、荷池、风车、水塔、喷泉，辟花坛、药圃，广植树木、花卉。张謇还为亭榭楼阁题了匾额、楹联，丰富了苑景的文化内涵。

国秀坛

国秀坛始建于 1907 年，这是个假山、花圃和竹林的结合体，是博物苑中最能表现中国园林特征的场所。

1899 年春，张謇渡江往常熟，看望因戊戌维新而被慈禧太后革职在家的恩师翁同龢。就在常熟江边，他看到一堆沦于尘沙的太湖石。经打听，知道这批石头原来竟是明代通州珠媚园中之物。等到张謇营建博物苑时，才由狼山总兵李祥椿运回。这批石头中最大而最著名的一块叫"美人石"。

国秀坛的用石除了原珠媚园的一批太湖石外，还有出自各地的名贵石种，并罩以铁丝网。这些石头上，往往刻着石名和产地，如至今尚可见的"青龙山石，产江宁"等等。

创意的另一特色是由山石堆垒成一个别致的花圃。这个花圃是一个中空的两层圆环形，外环在地下用石头隔离开若干区域，每个区域内植上不同品种的竹子，并且在石头上刻着这些竹子的名称，如"墨竹""观音竹""孝慈竹""寿星竹"等等。还有一个区域被称为"例外竹坛"，其中种植有着竹名但又不属于竹的植物，如天竹、石竹等等。石上所刻的字，都出自张謇的手书，有行有楷有隶，多姿多彩。

内环则植名花珍卉，最主要的是各种兰蕙和牡丹、芍药。另外还有被称为琼花的醉八仙，是从扬州某寺庙移来的，据说是隋代的遗种，也就是那隋炀帝所钟爱者的后代了。

美人石

博物苑早期的国秀亭

南通博物苑国秀亭

每年春末,牡丹、芍药竞相开放,文人雅士则相邀玩赏。牡丹有姚黄、魏紫、大红袍、净白等名种,芍药中的"金带围",浓紫复瓣,瓣边金黄,最为名贵。

国秀坛的南端有一座国秀亭,最初是为陈列名贵竹石标本而设。抗战中被毁,如今所见者,是新中国成立后从他处移来的,造型有了较大的改变。

池塘

早期博物苑内有三座池塘,而大小、形状各不相同。

荷花池

(1) 荷花池:最大的一座为圆形,因内植荷花而被称为荷花池。此外,它还被称为喷水钵龙池,这是因为池的中心砌一圆柱形座,上安一处于莲花中的敛口钵,内有铸铜龙一条,龙头伸于钵外,水即由此而喷出。水源则来自池西北侧的一座高高的水塔,是靠一只荷兰式风车把水打上去的。张謇为喷水钵龙题写的铭文,就绕刻在钵座之上。

三角池

(2) 三角池:水塔用于荷花池中的喷泉外,还为三角池的瀑布提供水源。三角池以形状得名,位置在国秀坛的西北角。用水管通往假山之上,由开关控制,造成直泻的瀑布。瀑布为园林带来的是水的流动和声音。三角池用以承接瀑布之水,同时还养着金鱼,只是规模甚小,平时瀑布又不常开,故不为人们注意。

(3) 水禽寀:如今尚保存的另一座水池在东南部,因形状而被称为椭圆池。又因当初池内饲养鸳鸯等水禽,上架以铁丝网罩,故又名为"水禽寀"。椭圆池周围以石驳成,中以石砌成小岛,一边连接以曲折的石道,一边则贯以石桥。所有石材都采自南郊五山。这种就地取材的园林假山,最初见用于南通城内明末遗民包壮行的石圃,它以朴质而别具一格。在池南的石道上,迎面有一块刻有"山行小憩"隶书的大石,署款为"闵鹗元"。闵鹗元是浙江乌程人,乾隆年间曾任江苏巡抚等官,并曾作为学政来通主考。水禽寀的用石都采自五山,这块石头本是闵氏游五山时的题刻。

温室

1914年,张謇还在苑内建造了七间温室,用以栽植比较娇贵的"洋花"。"洋花"是指外国输入的花木。博物苑"洋花"主要来自南通东门外的天主教堂,是张謇介绍孙钺向教堂神父毛友仁索要种子而繁衍出的,品种有雏菊(俗称洋长春或洋荠莱)、夏水仙、樱草、洋鬼子菊(大理菊)、花菖蒲(菖兰)、百日菊、太阳花(洋马齿苋)等。另外还有一种产于意大利的白花除虫菊,据说曾多次索得种子,但总无法种出,最后还是设法向堂中园丁索得一株,精心培养,最终才得以繁衍。苑内曾对外发售此花种子,农民经过试种,并逐渐推广,后来竟成为海门、启东一带农民的重要经济作物。

重要馆藏
Collection Highlights

南通博物苑内文物、标本来源于各地人士和寺院捐赠、售予,分为早期藏品、艺术藏品、自然藏品三大种类。

1914 年编印的《南通博物苑品目》,共收录文物、标本 2973 号,1933 年增至 3605 号,每号一件至数件不等;目前,馆内藏品有 40115 件,其中自然标本 6126 件,一级文物 55 件。藏品具有地方特色,如海安青墩新石器时代遗址出土的石器、陶器、玉器和骨角器,以及汉代的煎盐工具盘铁、1973 年南通市出土的晚唐(公元 827—907 年)青瓷皮囊式壶(越州窑仿北方游牧民族革囊水壶形制烧造)。"陈若虚记"瓷乳,是明万历年间(1573—1620 年)南通名医陈实功(号若虚)特制研药用具。书画、刺绣等艺术品中,有扬州八家之一的李方膺(南通人)的画和近代刺绣家沈寿的绣品。革命文物中有抗日战争时期反清乡斗争的文献、手稿、武器和烈士遗物。

博物苑藏品

- 早期藏品
  Early Acquisitions

- 艺术类
  Artworks

- 自然类
  Natural History Objects

錞于
Chunyu (Bronze idiophone)

战国
—
博物苑早期藏品。青绿色,整体器形如碓头,鼓肩收腰,胎质较厚,顶端盘上立一虎钮,造型栩栩如生。此器为古代西南少数民族的打击军中乐器,錞于常与鼓配合,用于战争中指挥进退。

| 创始人张謇 | 中国第一馆 | 建筑特色 | **重要馆藏** | 基本陈列 | 主题展览 | 社会教育 | 学术交流 | 参观指南

铜鼓
Copper Drum

汉

—

博物苑早期藏品。铜鼓原是一种打击乐器，以后演化为权力和财富的象征，是我国古代具有特殊社会意义的一种铜器。此鼓腰间有两对鼓耳，鼓面中心饰纹为太阳纹，四周铸有乳钉纹、云雷纹等多种纹饰，铸造工艺精细。

弩机
Crossbow

三国·吴
—
张謇捐赠,博物苑早期藏品。弩机是装置在弓弩的木臂后部的铜制机械。弩机最早见于战国,盛行于汉晋。此机身上刻"赤乌五年八月尚左"。"赤乌"为三国时东吴年号,赤乌五年为公元 242 年,距今已有 1700 多年。1914 年编印的《南通博物苑品目》历史部金类记载:"吴赤乌弩机,兵器,真品,馆列。按与西清古鉴第一图同式,是器有铭文年号可考。"

五平三年释迦多宝佛造像碑
Stele with Gautama and Prabhūtaratna Reliefs Dated 572 AD

北齐·武平三年

—

南京栖霞山寺僧捐赠，博物苑早期藏品。古代佛像一般以单数形式出现，但在南北朝时期流行"一龛双佛"。传说释迦牟尼正在讲法，多宝佛听了释迦牟尼的讲法十分欣赏，分出自己的宝座让释迦牟尼与之共坐。这件极具特色的佛像碑，反映的就是这个故事。据题记知，该佛像碑当年由供养人献造供奉在建康（今南京）永安寺中。历经一千四百多年，且得以传世，成为佛教石刻艺术中的珍品。

化生佛造像碑
Stele with Upa-pāduka Buddha Relief

唐 · 长安四年

叶裕甫捐赠，博物苑早期藏品。此尊造像碑，整体雕为一龛，龛中雕一佛二菩萨。中间化生佛结跏趺坐于莲花座上，左手施禅定印，右手施降魔印；身着敞领袈裟，面容丰满，神态安详庄重。佛左右为二胁侍菩萨，分立于同茎相连的莲蓬之上，姿态自然随和。佛像下方四位供养人左右列坐，仿佛正在虔诚地聆听讲经说法。全龛雕像稳重端庄，极具唐代雕塑流畅、圆润的时代特征。

开元三年款"凤琴"
"Fengqin" (musical instrument) Dated 715 AD

明
—

博物苑早期藏品。此琴为凤势式,黑色。琴的面板由梧桐木制成,底板为梓木,岳山、焦尾皆为红木制成,无音柱。以蚌片制成十三徽,生漆鹿角霜灰胎。琴面布满细碎冰裂断纹,而首部、底板则呈蛇腹状断纹。龙池上方镌刻有此琴的名称"凤琴",琴腹内刻有楷书"大唐开元三年清合雷制"款。整张琴制作精良,形状古朴,保存完整;冰裂状断纹与蛇腹状断纹十分精美,琴音古雅松透,余韵清澈悠长,令人回味无穷。

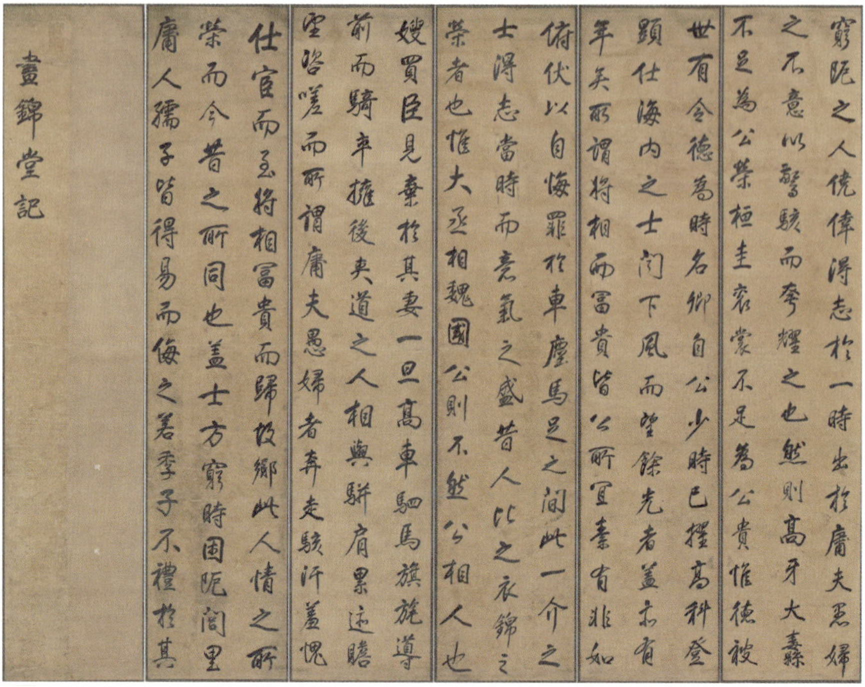

畫錦堂記

窮厄之人儌倖得志於一時出於庸夫愚婦之不意以驚駭而夸耀之也然則高牙大纛不足為公榮桓圭衮裳不足為公貴惟德被生民而功施社稷勒之金石播之聲詩以耀後世而垂無窮此公之志而士亦以此望於公也豈止夸一時而榮一鄉哉

公在至和中嘗以武康之節來治於相乃作晝錦之堂於後圃既又刻詩於石以遺相人其言以快恩讎矜名譽為可薄蓋不以昔人所夸者為榮而以為戒於此見公之視富貴為何如而其志豈易量哉故能出入將相勤勞王家而夷險一節至於臨大事決大議垂紳正笏不動聲色而措天下於泰山之安可謂社稷之臣矣其豐功盛烈所以銘彝鼎而被絃歌者乃邦家之光非閭里之榮也

余雖不獲登公之堂幸嘗竊誦公之詩樂公之志有成而喜為天下道也於是乎書

尚書吏部侍郎參知政事歐陽修記

露香园顾绣董其昌行书节录昼锦堂记
Luxiang Garden Gu Embroidery Piece Representing Dong Qichang's Semi-cursive Work "About the Zhoujin Pavilion (excerpt)"

明
—

博物苑早期藏品。此绣屏共 12 幅,绣制于清康熙六年(1667 年)。露香园顾绣始于明代,又称"顾绣"。其摹绣古今名画尤为神妙,风格清雅、气韵生动,有"画绣"之誉。此屏以董其昌书《昼锦堂记》为稿,白缎为地,蓝色绒绣,文、书、绣融为一体,极为精美。

绣幅针法严谨细腻,不仅完美表现了董其昌的书法风格,也体现了顾绣技艺高超的驾驭能力和艺术魅力。此屏为张謇于 1910 年在南洋劝业会购得并入藏博物苑。

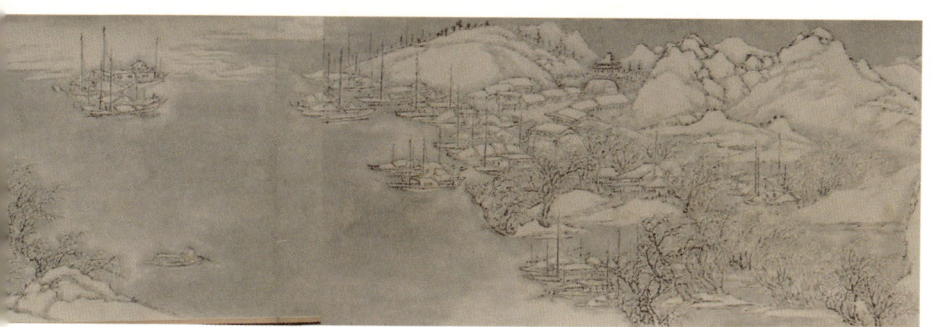

钱恕设色雪山行旅图卷（一）
Coloured Horizontal Scroll "Travellers in a Snowy Mountain" by Qian Shu

清·嘉庆　纸本

钱恕，字达中，号心斋。清乾隆二十五年庚辰（1760）生，卒年不详。道光十年（1830）71岁时有画作传世。南通人，工山水，承袭家学，与其父钱球、从父钱莹，时称"通州三钱"。

此幅手卷描绘了寒江两岸，山峦绵延，白雪皑皑的自然景象以及骡队商人踏雪而行的景观。署款："嘉庆二十年春正月心斋钱恕写于集虚山房"。钤"钱恕之印"白文印、"心斋"朱文印。卷后钱恕有再题诗句。

张謇先生在创建博物苑展馆时，北馆的开间设计就是根据这一长卷的展开长度而建造的。

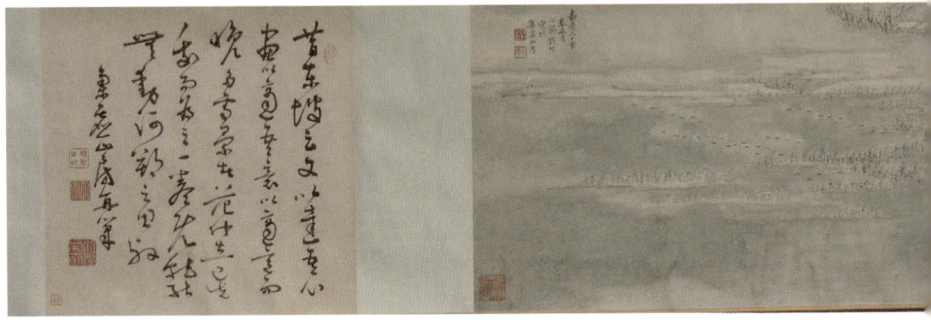

钱恕设色雪山行旅图卷（二）
Coloured Horizontal Scroll "Travellers in a Snowy Mountain" by Qian Shu

青玉雕山子
Celadon Jade in the Form of Mountain

清 · 道光

博物苑早期藏品。此件以青玉雕成,山石叠嶂、巨石嶙峋;山脚苍松翠柏,间有亭台溪水;山顶处刻有御题圣泉峰诗:"名字本相形,有贪斯有圣。泉自无分别,渫然寒且净。"1914 年的《南通博物苑品目》美术部雕刻类中记载:"旧雕玉山,吕四彭吴女士赠,馆列。"此件玉山子曾作为艺术珍品陈列于博物苑早期的展厅中。

白玉空山野静图扳指
White Jade Thumb Ring with a Depiction of "Deserted Mountain"

清 · 乾隆

———

张謇捐赠。扳指,也称搬指,古人又称其为"韘",为古时拉扣弓弦的器具。最迟于殷商时期出现,至清代演变为达官贵人手中的装饰品。该扳指系羊脂白玉制成,玉质莹润。器呈圆筒形,两端平齐、外周平滑。器身浅刻"空山野静图",刻工精细,图案虽布满其身,但布局合理,秀雅工整。有"金玉其相君子比德于玉子冈"刻款。

慈禧太后授沈寿四等商勋
Grade-4 Merchant Order Awarded by Empress Dowager Cixi to Shen Shou

清 · 光绪

沈右衡、沈鹤一捐赠,博物苑早期藏品。此商勋以合金制成,五瓣桃花形上嵌红蓝料珠数颗,花瓣间以绿松石粒嵌成的五角星相间,工艺精美,造型别致。1904年慈禧太后七十寿辰,近代著名刺绣艺术家沈寿献上绣屏《八仙上寿图》和《无量寿佛图》,深得慈禧赏识,为表彰其在刺绣艺术的成就,授予"四等商勋",这也是传统工艺革新方面的最高奖励。

创始人张謇　中国第一馆　建筑特色　**重要馆藏**　基本陈列　主题展览　社会教育　学术交流　参观指南　　049

博物苑石额
Stone Plaque Inscribed "Museum"

清 · 光绪

博物苑石额，是博物苑初期建筑表门上的构件。表门为牌坊式，原建在苑东馆东南侧通往苑内的道路上，该石额就是牌坊的横额。石额为大理石质，正面阴刻张謇手书"博物苑"；背面也镌刻有张謇题字，内容记载了建馆概况以及建苑宗旨。该石额已成为南通博物苑开馆于 1905 年的代表性实物，是中国博物馆历史研究的珍贵资料，是中国第一座博物馆开馆的标志。

意大利皇后赠沈寿金刚石圈金表
Gold Watch Incised with Diamonds Offered by the Queen of Italy to Shen Shou

1912 年

—

沈右衡、沈鹤一捐赠,博物苑早期藏品。近代著名刺绣艺术家沈寿以自创的仿真绣技法研绣的第一幅仿真绣作品《意大利皇后爱丽娜像》,在 1910 年南洋劝业会上备受推崇;1911 又在意大利都灵万国博览会上获得"世界至大荣誉最高级卓越奖"。会后,清政府将此绣赠与意大利皇室,意皇后得之"鉴赏欢洽",盛赞中国艺术,为"表两宫嘉悦之纪念",皇后爱丽娜特别赠与沈寿这枚嵌钻石表。

家诫碑
Stele Inscribed with Family Maxims

民国

民国十年(1921),张謇69岁,由于渐渐感到暮年的临近,他迫切希望儿子能够尽快成才并继承家业,因此他亲自写序,再按时间顺序辑录了刘向、诸葛亮、朱熹等古代七位名人的诫子语录,以祸福相依、修身养德为根本,内容涉及立志、修身、为人、处事等方面,形成独具张氏特色的《家诫》,文辞简练,寓意深刻,耐人回味。

博物苑观览简章
Museum Visit Instructions

民国

博物苑早期藏品。博物苑原为通州师范学校而建，开放之初来的是师范的老师和学生，随着时间的推移，参观人数越来越多，涌入了大量的社会人士后，博物苑第一任主任孙钺拟订《博物苑观览简章》，经张謇审定并加前言，简章制定了参观注意事项以及对违规者的处罚条例。

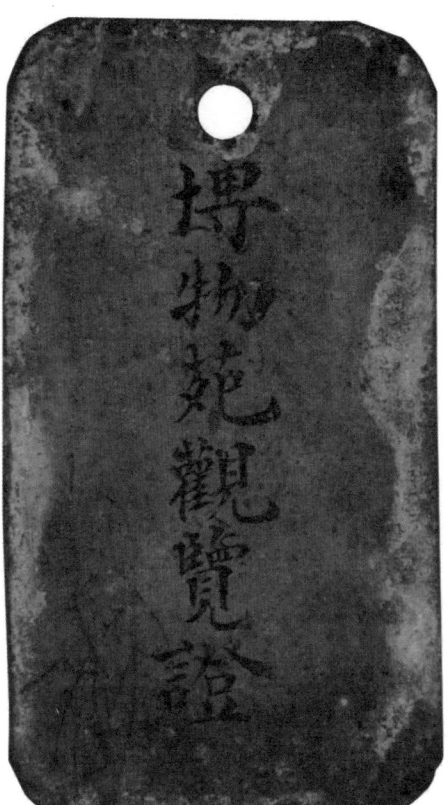

博物苑观览证
Museum Visit Pass

1913 年
—

南通博物苑是中国人创办的第一座公共博物馆，创办人张謇的初衷是为通州师范学校而建，它在中国文化史上占有极其重要的地位。民国二年（1913年）博物苑凭"博物苑观览证"参观。此观览证正面墨书"博物苑观览证"，背面为"国文专修科"，上端钻一圆孔，方便系线用以悬挂。观览证是可以反复使用的。因此，此枚观览证成为我国博物馆事业发展的一个实物性史料。

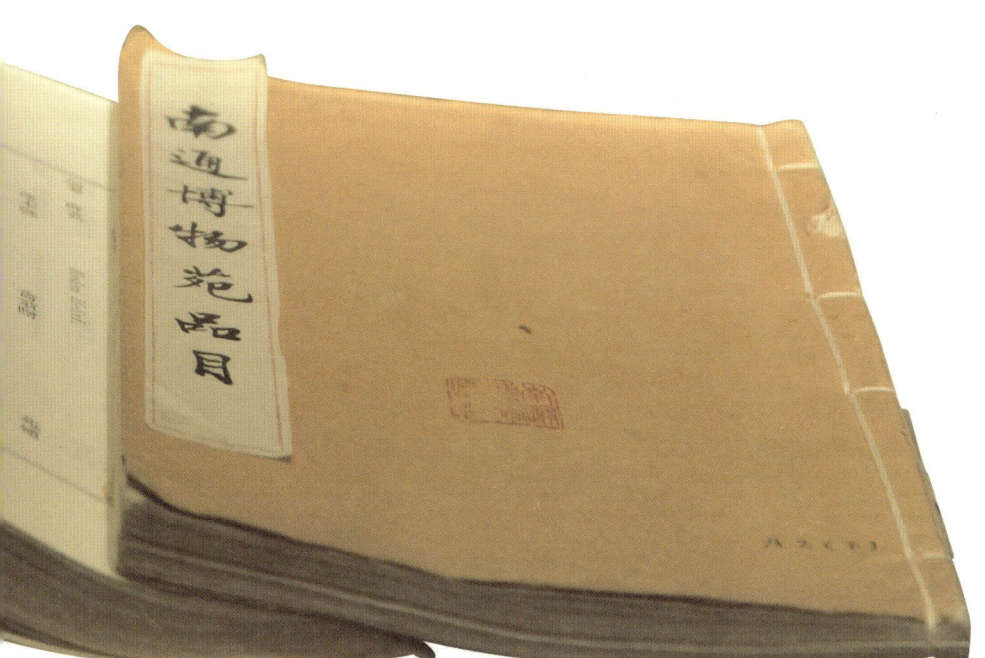

《南通博物苑品目》
"Catalogue of Nantong Museum's Collection"

民国

—

博物苑早期藏品。《南通博物苑品目》编印于1914年,1905年张謇创办南通博物苑,亲拟启事向社会征集文物,并在苑内设四个陈列馆陈列文物,将博物苑所收集到的藏品编印《南通博物苑品目》,共有两册,著录有天产、历史、美术、教育四部,文物、标本计2973号,1933年增至3605号,每号一件至数件不等。

张謇款嵌珐琅云竹纹双联瓶
Double Vase with Cloud and Bamboo Patterns, Incised with Enamel and Inscribed with the Name of Zhang Jian

民国
—
此件双联瓶两瓶连体，胎体厚重，通身绘深蓝色的如意云纹，挺拔的竹子耸立于山石后面，与如意云纹交相呼应。底部有张謇的铭款："供花以时合观音尊，是二是一犹佛化身""鼻闻有闻鼻根非根，民国八年张謇敬铭"。

牙雕孔雀明王像
Ivory Carving Statue of Mahamayuri

近代

—

张謇捐赠,博物苑早期藏品。孔雀明王为佛祖释迦牟尼的法身变相。明王结跏趺坐于孔雀背负的莲花上,头戴繁丽宝冠,双目微闭,耳垂肩饰以臂钏,面容慈祥庄严,四臂分别执莲花、俱缘果、吉祥果、孔雀尾羽。底部刻有张謇的题款,全文为:"民国十年辛酉六月夏历五月謇年六十有九,海门郁君寿丰赠牙雕大士像一躯,极精美,因赠博物苑南馆美术部永宝存之。方训谋刻。"从中可知此像为张謇69岁生日时,海门友人郁寿丰所赠,张謇后将此精美绝伦的工艺品转赠博物苑永久珍藏。

古觀音

據貴池劉天伺藏本原本心經為高江村書題古觀音像陳洪綬七字知陳必有此本今兩得於井亭藝風所藏陳壹幀不同陳必有所據也

寒父記

般若波羅蜜多心經

觀自在菩薩行深般若波羅蜜多時照見五蘊皆空度一切苦厄舍利子色不異空空不異色色即是空空即是色受想行識亦復如是舍利子是諸法空相不生不滅不垢不淨不增不減是故空中無色無受想行識無眼耳鼻舌身意無色聲香味觸法無眼界乃至無意識界無無明亦無無明盡乃至無老死亦無老死盡無苦集滅道無智亦無得以無所得故菩提薩埵依般若波羅蜜多故心無罣礙無罣礙故無有恐怖遠離顛倒夢想究竟涅槃三世諸佛依般若波羅蜜多故得阿耨多羅三藐三菩提故知般若波羅蜜多是大神呪是大明呪是無上呪是無等等呪能除一切苦真實不虛故說般若波羅蜜多呪即說呪曰

揭諦揭諦 般羅揭諦 般羅僧揭諦 菩提莎訶

般若多心經

民國七年三月春分後一日南通張謇屬黃沐敬書吳縣沈壽黃沐敬繡

沈寿绣、张謇题古观音像
Embroidery Piece by Shen Shou Representing a Painting of Guanyin with Inscriptions by Zhang Jian

近代
—

博物苑早期藏品。此绣品摹清代画家陈洪绶所作德王观音像而制。绣面下方为一手拄长杖的驼背老妪,双眼正炯炯有神地凝视着远方。绣者分别采用旋针、长短针、平针、斜缠针等仿真绣技法绣制。绣品上部分别为张謇亲书的一段"般若波罗蜜多心经"和题款,字字珠玑、笔力遒劲。沈寿以黑丝线精心绣成,既表现了张謇深厚的书法功底,又彰显仿真绣的艺术魅力。

博物苑藏品

○ 早期藏品
　Early Acquisitions

● 艺术类
　Artworks

○ 自然类
　Natural History Objects

玉琮
"Cong" (jade object)

新石器时代

1976 年南通市海安县青墩遗址出土。此玉琮以碧玉制成,色泽莹润,绿中隐现乳黄,灰白色斑纹。呈内圆外方的柱形状,单节,上下口部分稍微凸出,四面的中间均磨出一条宽而直浅的槽,槽的两边有两组平行弦纹和两个对称的圆圈纹,组成简化的人兽面纹。

玉璧
"Bi" (jade object)

新石器时代

1976年南通市海安县青墩遗址出土。此玉璧以碧玉制成,绿中隐现黄灰色斑纹。呈扁平圆形,器璧厚重,中间对钻圆孔,孔壁有隔棱,器面光素无纹,见切割槽痕。

嵌绿松石兽面纹戈
Dagger-axe with Animal Face Pattern Incised with Turquoise

商

戈是商周兵器中最常见的一种，古称钩兵，是用于钩杀的兵器。其长度根据攻守的需要而不同，所谓"攻国之兵欲短，守国之兵欲长"。这件戈的援宽大而刃长，锋较尖，末端正背两面皆以绿松石镶嵌兽面纹；胡垂直，且短；内呈弧形，上有一圆穿，末端正背两面皆浅刻兽面纹。

越窑青瓷皮囊式壶
Yue Ware Celadon Porcelain Kettle in the Form of Leather Purse

晚唐·五代

1973年出土于南通市区人防工地。壶身左右两侧和腹部各有一条凸起线;流呈直管状,在其相对处为一翘起羽状尾,尾下有一小孔;提梁下端与壶体的连接处,做成相对的龙首形,并在提梁和壶身多处适当的位置压印了圆珠纹;壶为圈足,足墙较高,其内侧微外撇,底面施满釉,足端露胎处靠内侧边沿隐约可见支烧痕。胎质致密,呈浅灰色,器身通体施淡青绿色釉。整个器形浑圆饱满,具有浓郁的民族风格和明显的唐代器物的特征。其造型规整,流口、圈足棱角分明,流和提梁与壶体的衔接自然流畅,青翠的釉色光洁柔和,独特的风格加上巧妙的装饰,使整个器形显得雍容大度、简洁利落,结构上也十分科学合理,体现了越窑青瓷的较高水平。

皮囊式壶是我国北方游牧民族的日常用器,位于南方的越窑烧制出具有北方游牧民族风格的青瓷皮囊式壶,反映了当时各民族间的经济和文化交流,因而具有十分特殊的意义。

黑釉剔花牡丹纹罐
Black Glaze Jar with Carved Peony Pattern

西夏

—

此罐通体施微泛褐色的黑釉,罐身布满剔刻的缠枝牡丹纹。器身釉质光润,构图清新饱满,花朵和叶片配置和谐,生气盎然;剔花技法纯熟,乌亮的黑花与剔出的浅黄色胎体形成鲜明对比,呈浅浮雕的效果。此器于雍容大度中又呈现几许豪爽与粗犷,是一件融合西夏民族特点与中原瓷文化的佳器。

磁州窑白地铁锈花枕
Cizhou Ware Pillow with White Body and Black Flora Pattern

金

—

此枕胎质紧致,器形敦实。各面均用菱形开光将纹饰表现出来。枕面为双狮戏球纹饰,前、后面分绘竹枝和牡丹花,两端绘莲花纹。此枕以色料绘图,再施黄白色釉;绘图笔法率性洒脱,画面具有浓郁的乡土气息。底印"张家造"铭款。

磁州窑系红绿彩人物故事花卉大罐
Huge Cizhou Ware Jar with Figures, Stories and Flora Patterns

元末明初

—

此罐周身满布米黄色釉施红绿彩,其红彩发色如枣,绿彩翠嫩。罐体纹饰满布,繁繁复复分为四层,肩部为二层缠枝花卉及卷草纹,胫部则是一圈变体莲瓣纹。罐腹部的主题纹样以三面开光形式呈现,分别绘有彭祖焚香、张骞乘槎、折枝牡丹图案。绘画运笔粗犷,自然流畅,具有浓郁的民间绘画风格。

卵白釉四足熏炉
Egg White Glaze Incense Burner with Four Legs

元

1966年南通市如皋县丁埝出土。此方形熏炉胎体洁白,通体施温润细腻的卵白釉,清雅宜人;炉盖上塑有一只玩球的狮子作为盖纽,造型生动活泼,而镂空的绣球恰好成为出烟孔,设置巧妙;炉身颈部饰隐约可见的螭虎,腹部为模压的梅花纹;双耳简洁大方,兽首形四足坚定有力。此熏炉器形规整庄重,釉质纯正润泽,纹饰布局疏朗,清新典雅,细腻恬静。

甜白釉暗花云龙纹盘
Sweet White Glaze Plate with Hidden Cloud and Dragon Patterns

明·永乐

—

永乐"甜白釉"是明代极负盛名的白釉瓷,其釉质洁白,温润似玉,肥厚如脂,色调恬静柔润。此甜白釉暗花云龙纹盘胎体细腻轻薄,圈足规整矮浅,露胎处可见火石红斑,底心满釉外凸,釉面光洁匀净,在内心装饰有若隐若现的云龙图案,更为素白的器表增添了神秘的美感。

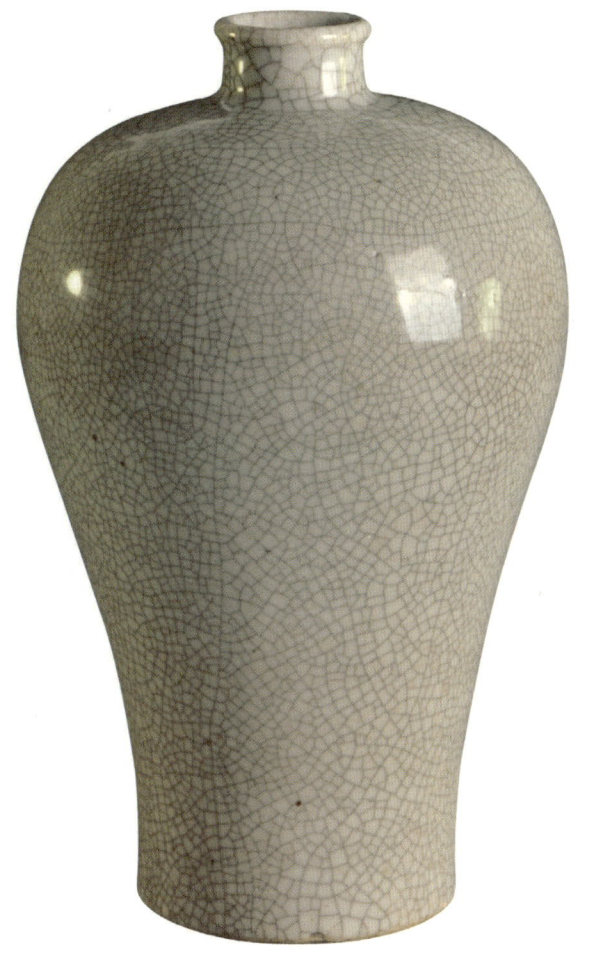

仿哥釉梅瓶
"Meiping" Vase Imitating Ge Ware Glaze

明·宣德

—

哥窑器釉面布满称为"开片"的龟裂纹片，别具古朴、自然的天趣。此瓶的造型沿袭元代梅瓶丰肩、修长、挺拔的特点，而在瓶的肩部和足部较宋代梅瓶略为放宽，但总体比例却不失匀称。瓶身为两段拼合烧造，接缝明显。通体施釉，釉质肥润，布满细碎开片。圈足，糙底无釉，呈火石红斑点。此瓶为明永乐年间景德镇窑所烧造，器型淳厚朴实，各部比例得当，整体协调，浑然一体，十分珍贵。

龙泉窑刻花缠枝牡丹纹瓶
Longquan Ware Vase with Carved Flowers and Tangled-branch Peony Patterns

元

1966年南通市马坤墓出土。此瓶圆口，鼓腹，圈足。胎质坚实粗厚，胎色白中带灰。器身釉质肥厚滋润，釉色粉青偏黄。肩部刻划朵云纹，腹部为缠枝牡丹纹，胫部为瓜棱形纹样。此瓶器形高大、敦实，具有庄重、朴实的美感。

陈道复墨笔水仙山茶图扇面
Ink-water Hand Fan Painting Depicting Narcissus and Camellia by Chen Fudao

明·嘉靖　纸本

陈道复(1483—1544年)，初名淳，字道复，又字复甫，号白阳山人。江苏苏州人。曾为太学生，善词翰，天才秀发，凡经学、古文、诗词、书法篆刻无不精通，系文征明弟子。

此幅墨笔水仙山茶图作于嘉靖十五年（1536），用没骨写意法，用笔生动简逸，水墨淋漓放纵，具有形简神全的艺术特色。

顾骢朱笔竹石图
Red-ink Painting Depicting Bamboo and Rock by Gu Cong

明 · 万历　绢本

顾骢，明末清初画家。字云车，或作云章，号慧道人。江苏南通人。善画竹，用笔劲挺，性耿介，画不轻作，作品流传少。

此画作于1617年，以朱笔写竹三株，寓"三祝"之吉祥意。竹竿挺拔，竹叶呈风势，以水墨绘洞庭之石，渲染得体，用笔简练，整幅画面给人一种出尘脱俗之感。自识"小春日写三祝图为寿，慧如顾骢"。钤"顾甫云章""臣有马癖"印。

魏居敬设色归舟图扇面
Coloured Hand Fan Painting Depicting a Returning Boat by Wei Jujing

明·万历　纸本

魏居敬（生卒年不详），江苏苏州人。善山水，亦能花鸟。

此画作于明万历三十五年（1607），描绘了阴历八月时的湖光山色。近景树石苍厚，湖面向左展开，水阔而平缓；远处山峦起伏，坡滩多浅直。虚实结合，构成了境界清旷的秋日之景。左上自题诗："万顷湖光足钓丝，济川功了乞归时。安流不用施篙楫，敛手舷头任所之。"款："丁未桂月写 古吴魏居敬"，钤"魏居敬"印。

青花人物花鸟纹果盒
Blue and White Porcelain Fruit Box with Figures and Nature Patterns

明·万历

—

此果盒略呈椭圆，造型浑圆敦厚，形体较大，工艺略显粗糙。青花发色浓艳，蓝中泛紫，显得幽雅深翠。器身纹饰布局繁密，周边绘以如意云开光花鸟纹，口沿为锦地杂宝边饰，盒盖中心的主题画面是三国故事"张松献蜀图"。盒底楷书"大明万历年制"六字双行款，书风硬瘦倜傥，刚劲有力，颇具宫廷用器的风范，为明万历早期"官搭民烧"的器物。

创始人张謇　中国第一馆　建筑特色　**重要馆藏**　基本陈列　主题展览　社会教育　学术交流　参观指南　　079

刘世儒墨笔万斛清香图
Ink-water Painting "Countless Perfume" by Liu Shiru

明　纸本
一

刘世儒（生卒年不详），字继相，号雪湖，浙江绍兴人。著有《雪湖梅谱》。

此轴绘一株古梅拔地而立，老干纵横交映，新枝纷繁错落，一树雪梅千花万蕊，尽显婀娜，暗藏万斛之清香。款："万斛清香 越雪湖刘世儒"。此作曾为张謇收藏，张謇有题诗："未能免俗彭刚直，三十年来人道奇。寥寂山阴雪湖叟，千花万蕊出天姿。霜皮溜雨或堪拟，铁干回春亦自知。粉壁云窗晴昼里，倦晴轩豁最高枝。"

霁红釉太极洗
Shiny Red Glaze Brush Washer in the Form of "Taiji"

清·康熙

此笔洗器型敦实厚重,胎体坚硬细密,足边因釉质较粗而呈现黑褐色的垂流状。釉色暗红,深沉浓艳;造型端庄典雅,较为鲜见的是在墩式碗内以太极形图案形成"S"形的分隔,口沿饰一圈白色"灯草边",在实用性的基础上又提升其观赏性。霁红釉烧造工艺难度较高,传世极少,此为康熙红釉器中精品。

青花山水花卉觚形瓶
Blue and White Porcelain Vase in the Form of "Gu" with Landscape and Flora Patterns

清·康熙

一

此花觚敞口、长颈、鼓腹、二层台圈足，颈部绘乡野渔夫农庄，腹部绘荷花，胫部绘崇山峻岭。画面构图疏朗，纹饰线条纯熟流畅，人物形象生动传神。青花呈色雅丽，发色浓淡相宜，层次分明，突显了康熙青花的"墨分五色"。整个器物雄伟挺拔，端庄中透着灵秀的美姿。

戴本孝设色陶渊明诗意山水屏
Coloured Folding Screen with Landscapes Stemming from Tao Yuanming's Poetry by Dai Benxiao

清·康熙　绢本

戴本孝（1621—1691年），字务旃，号鹰阿山樵，安徽休宁人。能诗，擅画山水，简略而有气势，为新安画派的代表人物。

此屏写陶渊明诗意，表现清逸的山林田园风光。全屏十二幅，或写崇山峻岭、飞瀑流泉；或写小桥流水、山林人家。以枯笔勾勒山石，以浓墨点皴山石坚实之质，近者浓重，远者淡逸。全屏构图新颖，用笔淡逸含蓄。末屏款："历年家弟五岳外史戴本孝拜识"，钤"臣本布衣""戴本孝字务旃"印。

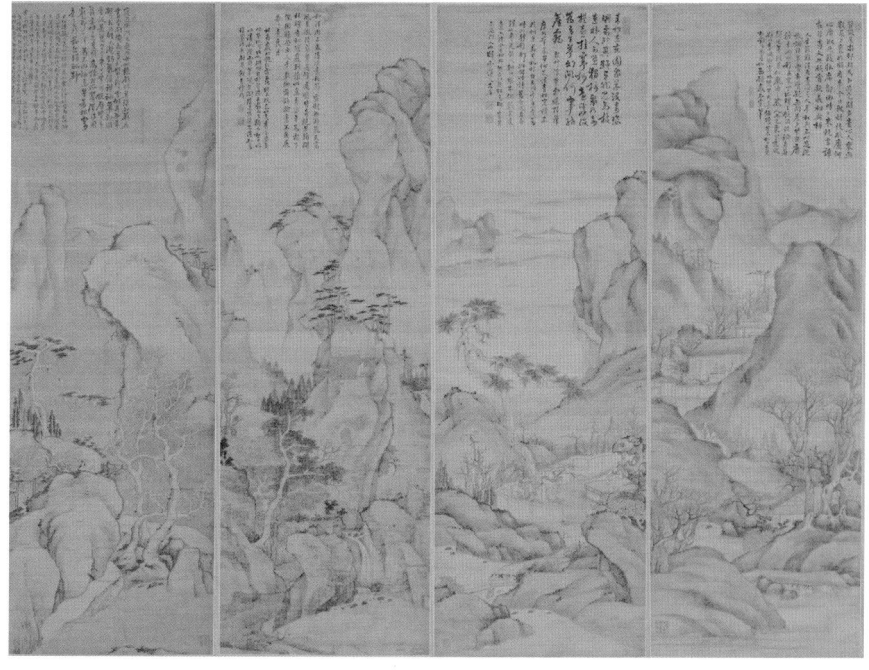

子冈款渊明爱菊图玉牌
Jade Plaque Depicting Tao Yuanming Admiring Chrysanthemum and Inscribed with "Zigang"

清 · 乾隆

此玉牌以羊脂白玉所制，玉色洁白纯净，玉质温润莹透，精良坚细。琢工采用双面浅浮雕，一面为"渊明爱菊图"，一面雕有隶书七绝诗句，镌刻阴文篆书"子""冈"款，刻工精细。白玉牌上有翡翠桃蝠长方小饰件及细小珍珠10粒。此玉牌雕刻深得子冈治玉神韵，亦为珍品。

李方膺设色风松图
Coloured Pine in the Wind by Li Fangying

清·乾隆 纸本

李方膺(1697—1756),字晴江,号虬仲,别号仙李、抑园等。江苏南通人,扬州八怪之一,晚寓居南京借园,自号借园主人。擅梅兰竹菊松等,著有《梅花楼诗抄》。

此图作于乾隆十年(1745),顶天立地的两棵苍松由乱石中盘根而起,直指云霄。一棵以淡墨勾勒,皴擦树干,另一棵用粗笔浓墨勾勒,重墨点苔。松枝、松针依风势倾斜,造成被疾风狂吹的情形。用笔纵横,骨法道劲,浓墨深沉凝重,淡墨苍秀高古。

华浚设色松鼠图
Coloured Squirrel by Hua Jun

清·乾隆　纸本

华浚（生卒年不详），字贞木，一字绳武，福建上杭人。乾隆二十五年（1760）举人，为华嵒之子。

此图空灵简约，生趣盎然。溢香进粒的松果引得松鼠纵身欲摘。图以干笔勾皴松鼠，精细入微，松枝、藤蔓用粗笔勾染，简逸生动。以淡墨为基调，花青、淡珊瑚红点染其间。题诗："石蹊穿雾绕风岩，瑟瑟飞花点碧衫，却见松房进香粒，讶翻饥鼠绝贪馋。"款："丙寅四月武林华浚写"，钤"珍木""楠"印。

范利仁设色水阁听泉图
Coloured Painting "Listening to the Spring at a Waterside Pavilion" by Fan Liren

清·乾隆　绢本
一
范利仁（生卒年不详），字西蔌，号山茨，别号物外闲人，南通人。工山水、花鸟、禽鱼，取法徐熙父子，工致华丽，活泼生动，为时所重。

画面上远处峰峦耸立，山壑间清泉飞流直下；近处溪水桥边有一亭子，亭内两位高士相对而坐，似在交谈或在听泉观泉。此画构图新奇，用笔严谨，敷色雅逸。此画作于乾隆四十年（1775），款："辛丑桂秋山茨范利仁写"。钤"紫琅范利仁""西蔌甫""物外闲人"印。

丁有煜墨笔倭瓜图
Ink-water Cucurbita moschata by Ding Youyu

清·乾隆　纸本

丁有煜（1682—1764），字丽中，晚年自号个道人，南通人。绘画、篆刻成就颇高，有着"外八怪"之誉，东皋印派的代表人物。

此画作于乾隆二十八年(1763)，是其82岁时所作。题："番瓜俗名南瓜，北人呼为倭瓜，一种而异名也，湖州陈大年以洋纸见遗，因图横幅，并题以句。香甜滋味饱桑麻，矮屋墙头乱放花，衰老不堪匏系处，好将洋纸画倭瓜。癸未秋仲个老人戏墨"。整幅画用大写意绘成，用笔老辣、苍劲，墨色分明，瓜藤卷曲如篆书，栩栩如生。

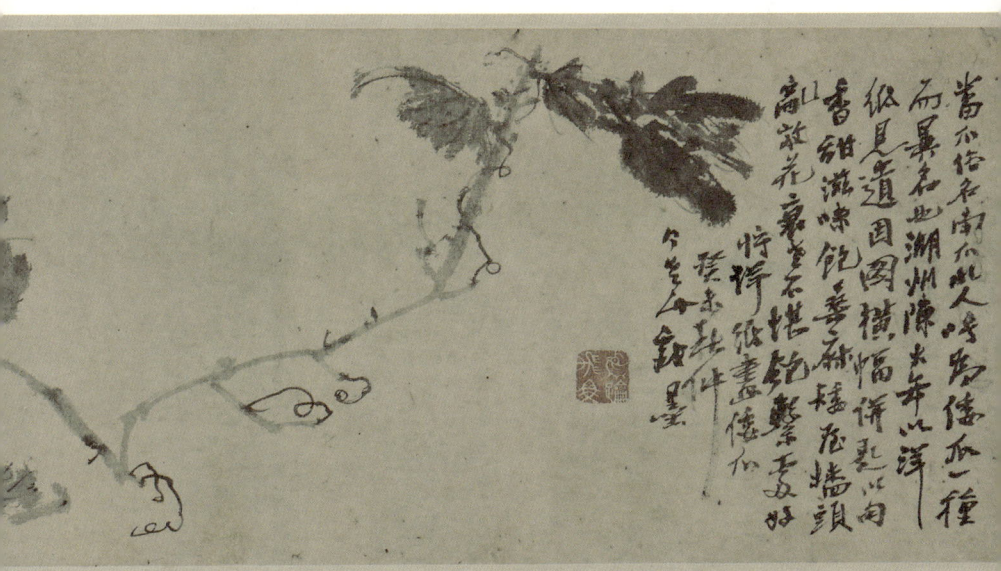

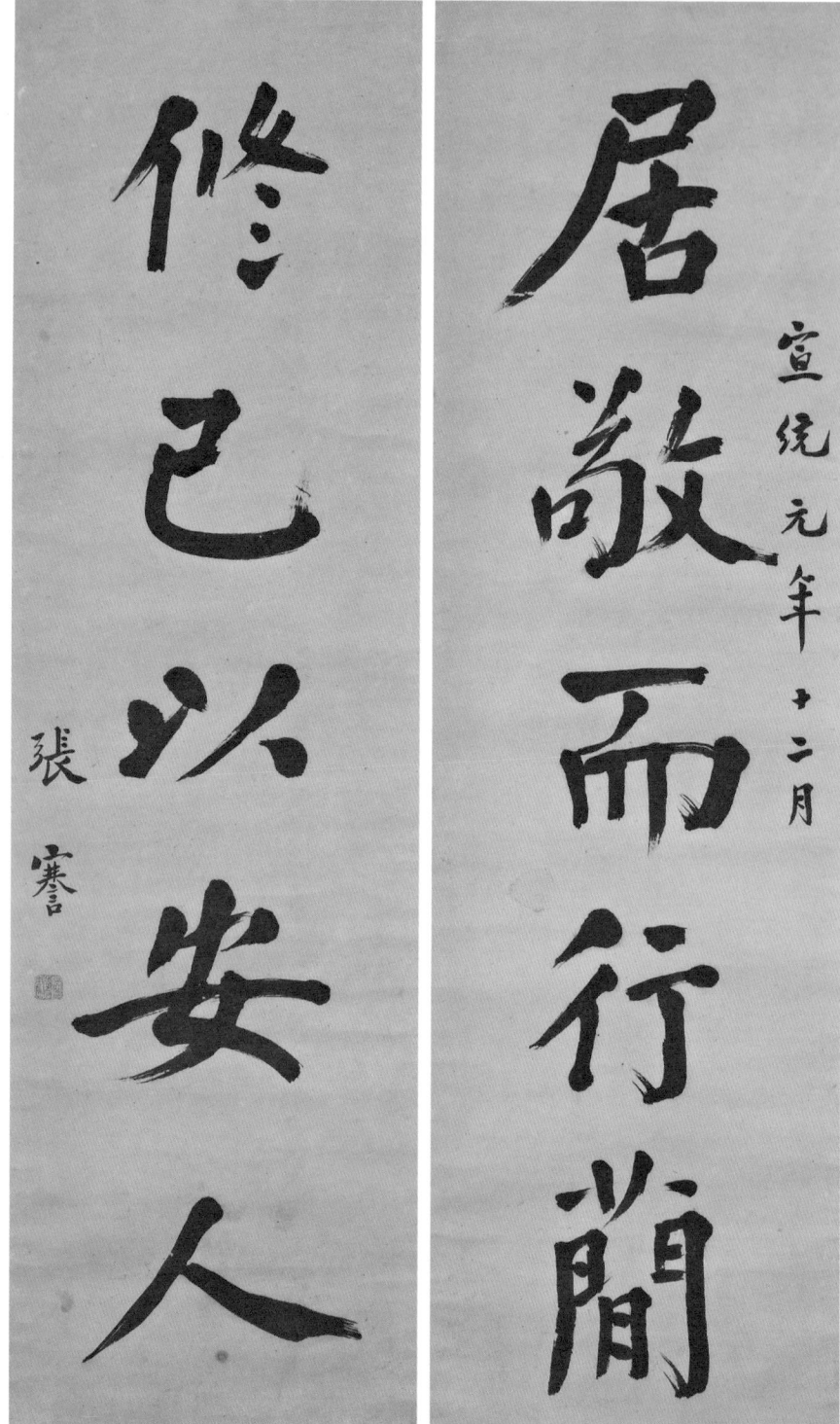

居敬而行簡 修己以安人

宣統元年十二月

張謇

张謇行楷五言联
Semi-cursive-regular Script Five-character Couplet by Zhang Jian

清·宣统　纸本
一
张謇（1853—1926年），字季直，号啬庵，江苏南通人。近代实业家、教育家、社会事业活动家。

此幅对联是四书中的集句，充满了儒家之道，只有"修己"，方能"安人"。张謇一生活动涉及政治、经济、文化教育、社会公益等各方面，其书法作品四体皆全，结体饱满，苍劲厚重。此联作于"宣统元年十二月"，钤："张謇季直甫印"朱文印。

吴昌硕设色天竺图
Coloured Cinnamomum pedunculatum by Wu Changshuo

清末民初　纸本

吴昌硕（1848—1927年）原名俊，字昌硕，别号缶庐、苦铁等，浙江安吉人。晚清民国时期的画家、书法家、篆刻家，与任伯年、赵之谦、虚谷齐名为"清末海派四大家"。

此画作于民国四年（1915），运用水墨写意描绘艳丽的天竺，笔力敦厚老辣，主体突出，画面用色艳而不俗。画面右侧自题："七尺珊瑚枝，累累如贯珠，耐此岁寒节，渥丹颜不渝。乙卯十月吴昌硕"，钤"昌硕""吴俊卿印""归仁里氏"印。

陈衡恪设色竹笋花果图
Coloured Bamboo Shoot and Flora by Chen Hengke

清末民初　绢本

陈衡恪 (1876—1923 年)，字师曾，号槐堂，江西义宁县人。以诗、书、画、印著称于当世，著有《槐堂诗钞》《中国绘画史》等。

此幅竹笋花果图用笔写实，笔法细腻，两枝竹笋饱满灵动，左侧的花果清恣娇美。整个作品色调清新、雅秀超逸。款："师曾"，钤"陈师曾"印。画的右侧有其岳父范伯子题诗："细将秋色写轻纨，谁料秋来更不看；惜己怜人吾何有，偶拈一义向漫漫。" 体现了范陈翁婿感情。

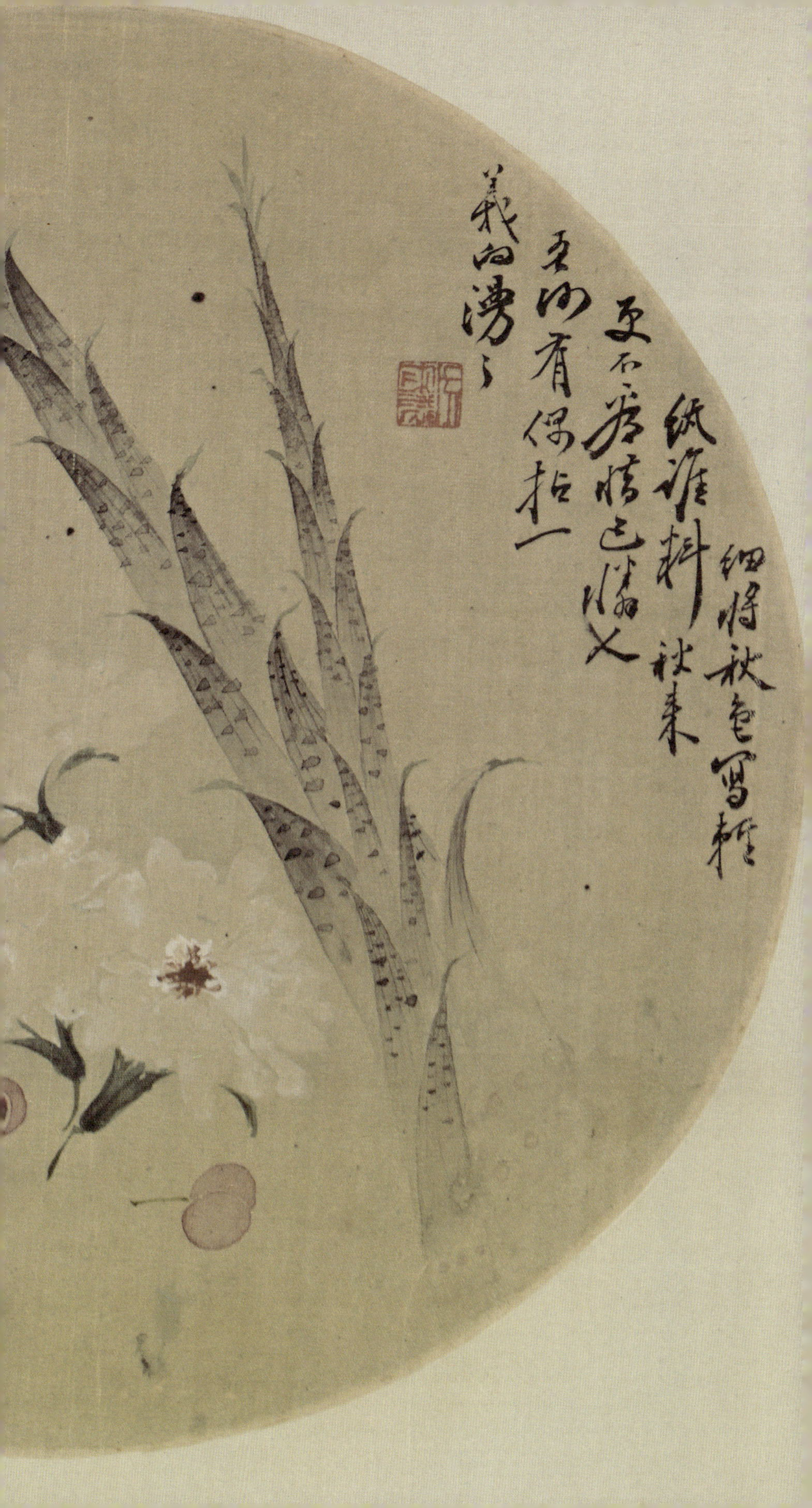

紙難料秋來
更不著臙脂湖又
更有偶拾一
栽向湧$…$
細將秋色寫輕

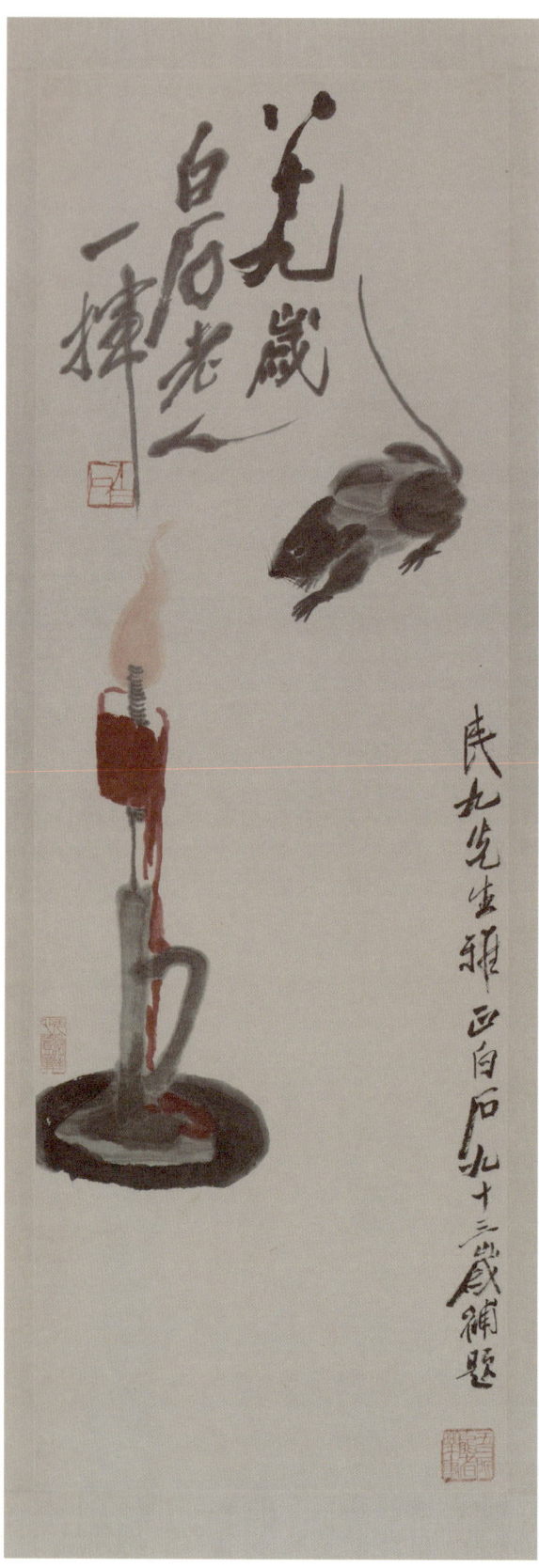

齐白石设色老鼠烛台图
Coloured Mouse and Candlestick by Qi Baishi

近现代　纸本
一

齐白石（1864 — 1957），湖南湘潭人。原名纯芝，字渭青，号兰亭。后改名璜，字濒生，号白石、白石山翁等。

此图绘一老鼠正专心查看烛台，燃烧的火焰和流出的蜡油让老鼠不知所措。画面造型简练生动，意境朴实，天趣横生。自识："八十九岁白石老人一挥"，钤"白石"朱文印，右侧有"民九先生雅正　白石九十三岁补题"句，钤"吾所能者乐事"朱文印。

创始人张謇　中国第一馆　建筑特色　**重要馆藏**　基本陈列　主题展览　社会教育　学术交流　参观指南

张大千墨笔荷花图
Ink-water Lotus by Zhang Daqian

近现代　纸本
一

张大千 (1899—1983)，别号大千居士，四川省内江市人。二十世纪中国画坛最具传奇色彩的人物。绘画、书法、篆刻、诗词无所不通。画风工写结合，晚期重彩，开创了泼墨泼彩的新风格。

此幅大写意墨笔荷花，水墨融为一体，用厚重的笔墨绘荷叶，用淡墨白描荷花，整个画面气势磅礴，水墨淋漓。钤"张季瑗印"白文印。

雪渔款李方膺用石印
Stone Seal Used by Li Fangying and Inscribed with "Xueyu"

清
一
此印为青田石章,方形,通体黝红,石章顶面为不规则形。印文以朱文篆刻"受孔子戒"四字,边款阴刻楷书体"辛未季秋作于雨华山之高坐寺白云堂为晴江词兄先生政社弟雪渔"。此章为清代扬州八怪之一的南通人李方膺暮年使用,其印文方中寓圆,不露主角,朴茂苍秀。

钱棨款蟾宫端砚
"Toad Palace" Duan Inkstone Inscribed with "Qian Qi"

清

—

此砚台刻有"乾隆四十年 蟾宫 姑苏钱棨题"。钱棨（1734—1799）是我国历史上两个"六元状元"（即县考、府考、院考、乡试、会试、殿试 均为第一名）之一，如此佳绩，却并非一蹴而就得来，钱棨六进考场，六次落榜，才夺得会试第一名。蟾宫又名月宫，科举时代以登蟾宫、蟾宫折桂比喻考中科举。这方钱棨自题砚台是在考中会元之前，显然有祈祝吉祥之意。

葫芦式印香炉
Moulding Incense Burner in the Form of Calabash

清

印香炉因其所燃香料以芸香为主,故亦称芸香炉。清南通人丁月湖改进其造型、炉体,使"粗陋不可供幽赏"的印香炉成为精巧文玩。其炉盖常透雕成各种精美的文字或图案,最具特色的是一层铸有精美图案或文字的印香篆模,使燃烧后的香灰形成延绵不断的"香篆"图案。此件印香炉呈葫芦外形,炉盖透雕文字:"圆又不圆,方又不方,个中造化,规矩两忘。"

如意式印香炉
Moulding Incense Burner in the Form of "Ruyi"

清

—

此印香炉呈如意形，以锻造白铜、紫铜相间，分炉盖、燃烧、贮放、底座四层，配有压板，铲子和刮刀已遗失，附有木质底座；炉盖上透雕文字"读易一卷，弹琴一曲，坐久心清，快然自足。"印香炉因其燃烧的香料以芸香为主，故亦称芸香炉。

无款刺绣麻姑像
Embroidery Piece Depicting "Magu" without Inscription

清

此绣以深蓝色绸缎为底料，绣面针法丰富，使用了平针、齐针、滚针、网格针等十几种，线条排列疏密得当，麻姑形象亲切，传神而不夸张。此绣继承了清初期顾绣的工整细致，又具清中后期刺绣艺术的灵活精致，装饰感强，寄托了人们对于祈福、消灾、延年益寿的美好愿望。

沈寿绣蛤蜊图
Embroidery Piece Depicting Clams by Shen Shou

清

—

1958年余学慈捐赠。著名刺绣艺术大师沈寿继承中国传统刺绣法则，融会西洋油画、摄影等美术光影技法，创制"仿真绣"，将苏绣推向高峰。此图绣有大小蛤蜊六个，绣者通过明暗对比后逼真地表现了蛤蜊的质感，特别在大蛤蜊的高光部分留出缎子绣底，巧妙地衬托出蛤蜊的光亮质感；底部颜色用浅棕色烘染而成。此绣尽显仿真绣之精美逼真，美轮美奂。

高其佩设色指画山水立幅
Coloured Landscape Finger Painting Hanging Scroll by Gao Qipei

清　纸本

高其佩（1660—1732），生卒年一说为1672—1734年。字韦之，号且园、南村。中年后始创以手指代笔的指头画法，此图即为其指头画代表作之一。图中绘秋景人物，峰峦峻拔，小桥泉水，松树虬曲，树下有老者襟胸坦坦，手持羽扇，与执杖者侧颈远眺对谈，一童侍其旁。整幅人物神骨俱全。自题诗："宝贵莹莹岁月蹉，闲心未许挂烟萝。枕流嗽石飞关隐，仁知襟怀各乐多"。署款"铁岭高其佩指头生活"。钤"高其佩""且园""古狂""不是画""指头画"五印。

蔡远设色山水立幅
Coloured Landscape Hanging Scroll by Cai Yuan

清　绢本

蔡远,字自远,号天涯、月远。福建人,山水学王翚。

此幅为全景式构图,气势磅礴。远峰耸立,飞瀑直泻,楼阁屋宇掩映于山林平地中。近处浅滩上,一队人马正涉溪穿行,为全景增添了动感。全幅循范宽法,落笔雄伟老辣,设色以浅绛为主呈秋色。右上题诗"江上千峰雨后鲜,烟光树色翠相连。山翁吟罢浑无事,坐看龙媒涉大川"。署款"岁次戊辰小春广陵客馆抚范华原遗则莆阳蔡远",钤"蔡远之印""啸傲烟霞"白文印两方。此画为1688年所作。

蔡嘉墨笔采桑图立幅
Ink-water Hanging Scroll Depicting a Woman Picking Up Mulberry Leaves by Cai Jia

清　纸本

蔡嘉，字松原、岑州，号雪堂、旅亭。

图中绘一普通农家妇女，左手扶锄，右手提篮，篮中盛有新桑。发式、衣着为村妇的寻常装束，上衣至膝，覆盖于裙外。所写衣纹如行书，巧妙地表现出布料的质感。面部用细笔淡墨勾画，口角微露笑意，欣慰喜悦的神情刻画得惟妙惟肖。自题"年年二三月，花落蹋新茵。不知辛苦事，皆为绮罗人"。署"松原老人"，钤"蔡嘉之印""朱方老民"印两方。左下角押"亦号松原"印。

王槩墨笔为文翁作山水立幅
Ink-water Landscape Hanging Scroll Drawn for Wenweng by Wang Gai

清　绫本

王槩（1645—1707），一说卒年约为1710年。原名丐，字东郭，后更名槩，字安节。山水学龚贤，亦善画花鸟、人物，又擅治印兼刻竹。

此图山石峰峦峻伟，桃茂松苍，近峰层叠，远山高峻，山腰树林间有茅亭与房屋，屋中二人对坐闲话，画法严谨。此画作于清康熙二十二年（1683年）。右上自题"种桃谷口锦成围，八十番花看不违，时与少年矜足力，中峰却杖步如飞。题小诗补画不足用进文翁先生八秩大寿酒并正，癸亥修禊日，绣水王槩"。钤"王槩之印"阴阳印、"安节"朱文印。

吴期远设色山水屏
Coloured Landscape Folding Screen by Wu Qiyuan

清　绢本

吴期远，字子远，镇江人。山水仿黄公望，颇有妙境。

此屏共十二帧，题材丰富多样，有表现季节的"桃源寻仙""幽居结夏"等，有拟名家技法的"仿宋人粉本""拈笔追忆董巨真迹"等，景色奇秀多姿，山石林峦、重山大岭、田野河川及村落作坊、小桥行舟等，构成了一幅幅和谐的画面，每幅都有自题。此屏作于清康熙三十三年（1694年）。末幅款："康熙甲戌冬仲古曲阿吴期远"。每幅钤"吴期远""子远"印两方。

创始人张謇　中国第一馆　建筑特色　**重要馆藏**　基本陈列　主题展览　社会教育　学术交流　参观指南

黄慎设色人物故事屏
Coloured Folding Screen with Figures and Stories by Huang Shen

清　纸本
一

黄慎（1687—1768），字恭懋，号瘦瓢子，又号东海布衣等，福建宁化人，"扬州八怪"之一。

此人物屏共十二帧，画面较为工整，每屏画历史人物掌故，如张良路遇黄石公、朱买臣挂角攻书等故事。画面下部画人物，淡墨依线渲染，淡赭作肤色，间以石绿、朱砂作衣饰。上部配以树木山石等景物。此画作于清乾隆十八年（1753年），其中一幅自识"乾隆十八年良月写于邗江又松堂，宁化瘦瓢子慎"，余皆无款识，每屏钤"黄慎""恭寿"印两方。

创始人张謇　中国第一馆　建筑特色　**重要馆藏**　基本陈列　主题展览　社会教育　学术交流　参观指南　　117

华嵒设色千手观音图
Coloured Thousand-hand Guanyin by Hua Yan

清　绢本

华嵒（1682—1756），字秋岳，号新罗山人，又别号东园生等，福建人。清代著名画家，人物、花鸟、山水皆精。

画面上观音面容端庄，形象高古而秀丽，体态婀娜，服饰华美，绘十八臂。正和蔼慈祥地注视着前方一跪拜的红衣童子。此观音像用笔严谨，线条流利绵长，细劲畅逸，敷色艳丽秀雅，尽显高贵气质。款"弟子华嵒敬写"，钤"华嵒"等印。

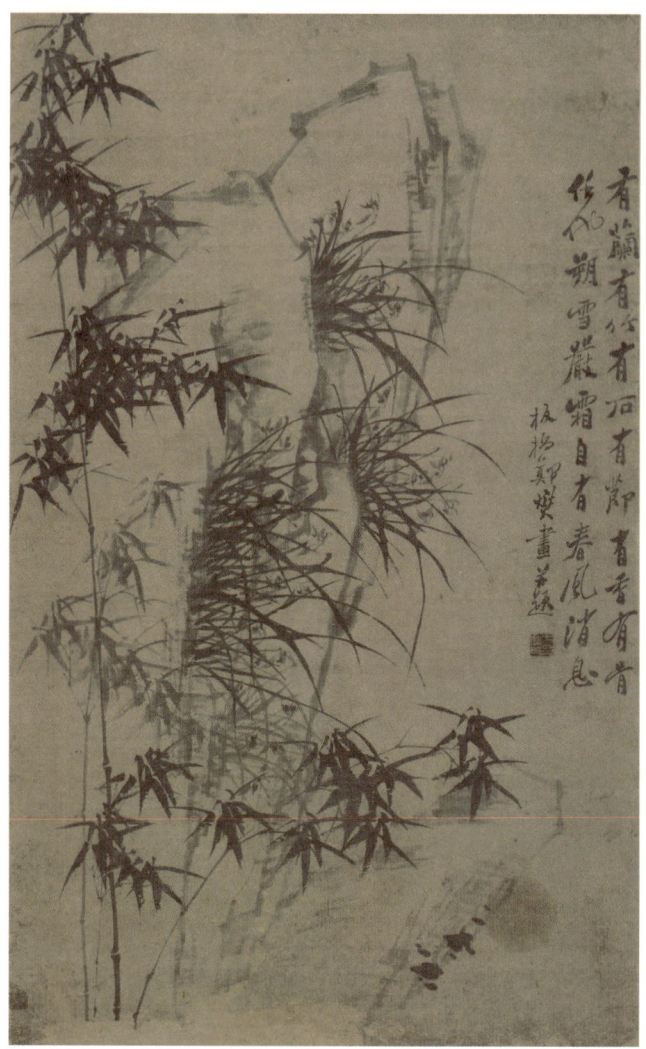

郑燮墨笔竹石图
Ink-water Bamboo and Rock by Zheng Xie

清　纸本

一

郑燮（1693—1765），字克柔，号板桥，江苏兴化人，为"扬州八怪"之一，工诗文书画，尤长兰竹。书法别致，隶楷参半，自称六分半书。

墨竹是其最擅长画的题材，所画墨竹挺劲孤直，具有一种孤傲刚正和倔强不驯之气。此幅竹石图笔墨淋漓，天趣自生，别有韵味。画右侧题："有兰有竹有石，有节有香有骨；任他朔雪严霜，自有春风消息。板桥郑燮画并题"，钤"七品官耳""老画师"等印。

钱球设色深山高隐图
Coloured Painting "Hermit in a Deep Mountain" by Qian Qiu

清　纸本
—

钱球（生卒年不详），字石亭，江苏南通人。工绘画，山水尤佳。其作不受时尚影响，山石树木安排有序，直追宋人。与弟钱莹、子钱恕被誉为"通州三钱"，为南通清代山水画的代表人物。

此作采用全景式构图，云山、树木、茅亭、流水浑然一体。两位高士在山脚下相遇，又似乎是位高士到山脚去迎接好友。整个作品气韵浑厚、苍润古朴，用笔自然，老辣得劲。款"钱球"，钤"石亭"朱文印、"钱球"白文印。

钱莹设色茅亭高士图
Coloured Painting "Sage in a Straw Pavilion" by Qian Ying

清　绢本

钱莹（生卒年不详），字石侪，江苏南通人。钱球之弟，亦工山水，为南通清代山水画代表人物之一。此图描绘层岭溪涧，远处高山挺拔，山泉飞流直下；近处大小不一、种类不同的树木，从乱石和坡脚石台的缝隙中竭力生出，呈现出蓬勃之力；树石桥边的两座茅亭，有隐士在其间读书、观景。整个画面意境幽静、超凡脱俗。款"钱莹"，钤"钱莹"白文印、"石侪氏"朱文印。

费丹旭设色仕女图
Coloured Lady by Fei Danxu

清　纸本

—

费丹旭（1802—1850），字子苕，号晓楼，别号环溪生，浙江乌程人。得家传，"幼即工画美人，稍长，更精写照"。其仕女画形象秀美，体态婀娜，创造了当时人心目中的理想美人。

此幅仕女图用线松秀，设色轻淡，人物面容娟秀，神态专注，似为梅枝掉落而伤感。石块与树枝用笔厚重，与人物的清秀形成对比。整个画面构图雅致，笔墨谨细。款识"湘□仁兄大人属写　晓楼丹旭"，钤"子苕"印。

任颐设色东山丝竹图
Coloured Painting "Musical Ensemble in the East Mountain" by Ren Yi

清　纸本

任颐（1840—1896），初名润，字小楼，后字伯年，浙江绍兴人。擅画肖像、人物和花鸟，画风受陈洪绶等的影响而又有创新，为海派代表人物。

此图描绘的是东晋政治家谢安逸士一般的悠闲生活，构图完美，人物神态生动，衣褶线条运笔自由流畅，坡石幽径浅绛设色，人物则以少许石青点缀，色彩淡雅清丽。题款"紫封仁兄大雅之属，即是就正。光绪丙戌长至后一日，山阴任颐并记于古筑耶城之颐草堂"，钤"颐印"、"任伯年"白文印。

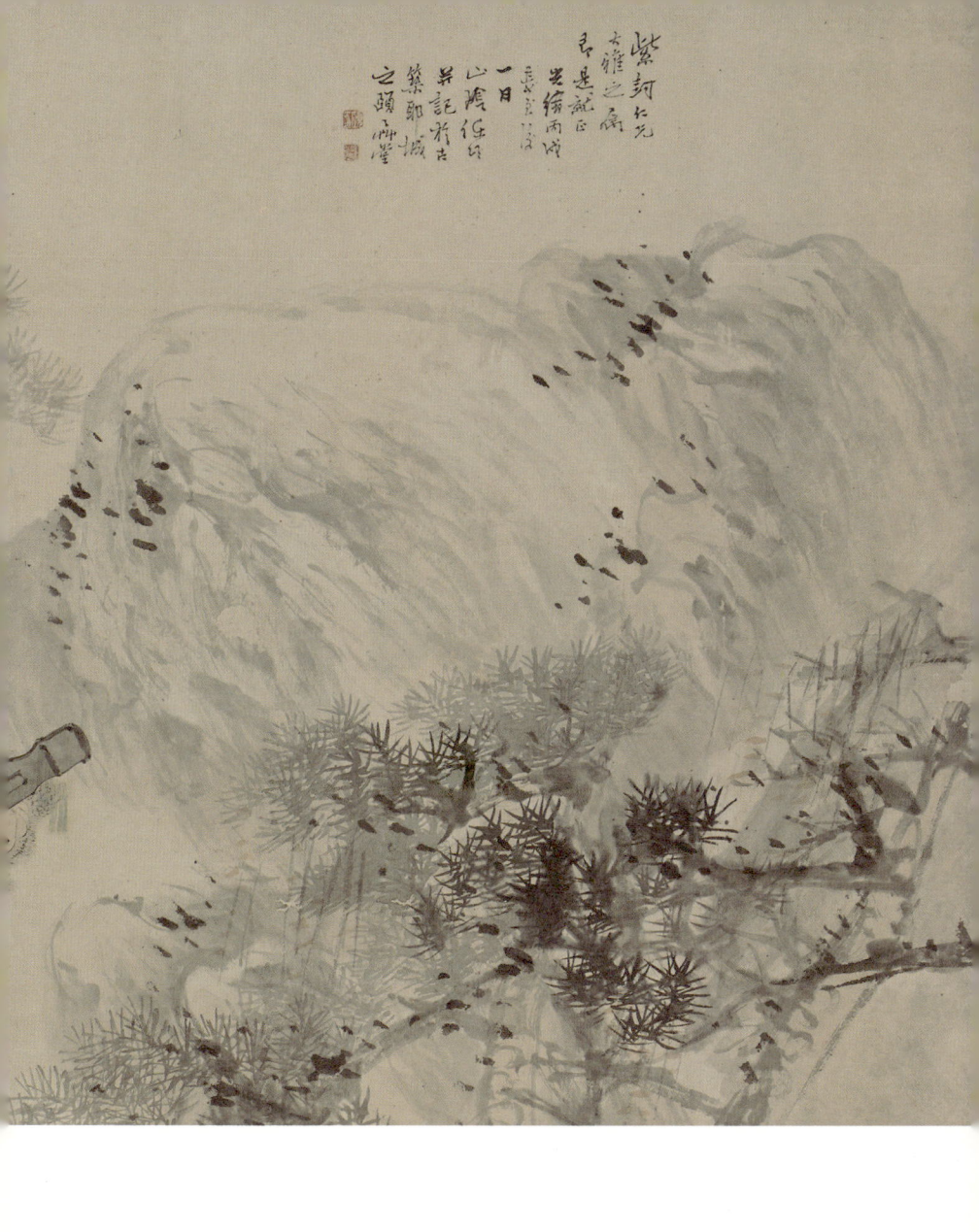

创始人张謇　中国第一馆　建筑特色　**重要馆藏**　基本陈列　主题展览　社会教育　学术交流　参观指南

倪田设色松阴论道图立幅
Coloured Hanging Scroll "Discussing the Grand Way under a Pine Tree" by Ni Tian

清　纸本
一
倪田（1855—1919），初名宝田，字墨耕，又号璧月庵主，江苏扬州邗江人，海派著名画家之一。

此轴画一直干青松，松下两块巨石，杂树两株，石后坪上有两人坐而论道。石坪旁有溪水潺潺下泄于涧，涧上石桥一童子提壶汲水而归。水墨为主，略施淡赭浅朱。图右上自识"松荫论道图，时乙卯夏日，邗上倪田墨耕写于璧月庵"。钤"宝田日利"白文印、"墨耕"朱文印。

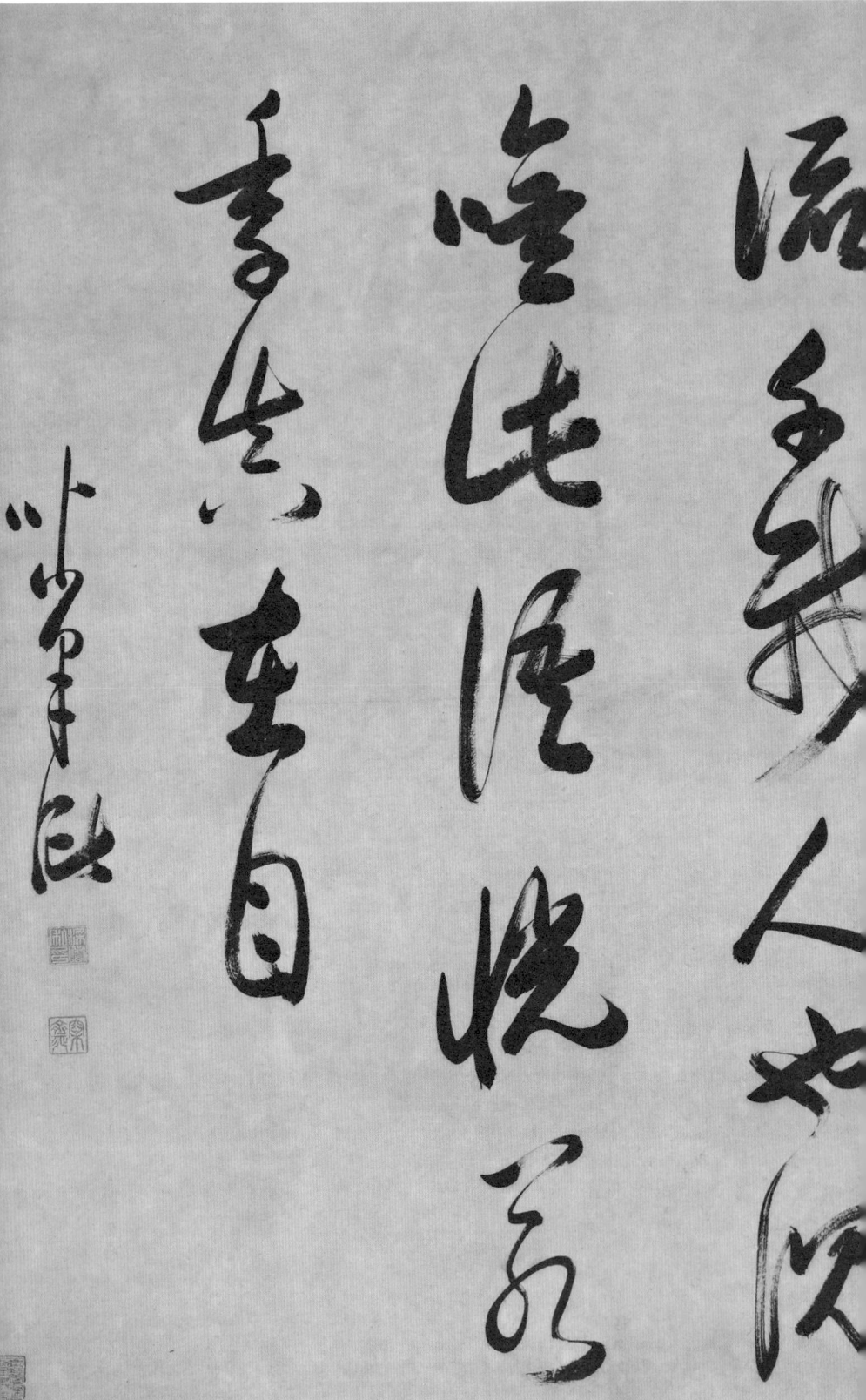

梁巘行书立幅
Semi-cursive Script Hanging Scroll by Liang Yan

清　纸本
一
梁巘，字闻山、文山，号松斋，安徽亳州人，清代著名书法家，著有《评书帖》《论书笔记》，书学观涵盖多方面。

此幅行书笔法精熟，一气呵成，润泽而又骨肉停匀。释文："贺八清鉴风流千载人也，沉唫此语怳若季真在目"。钤"梁巘私印"白文印、"榕斋"朱文印、"景华书屋"白文印。

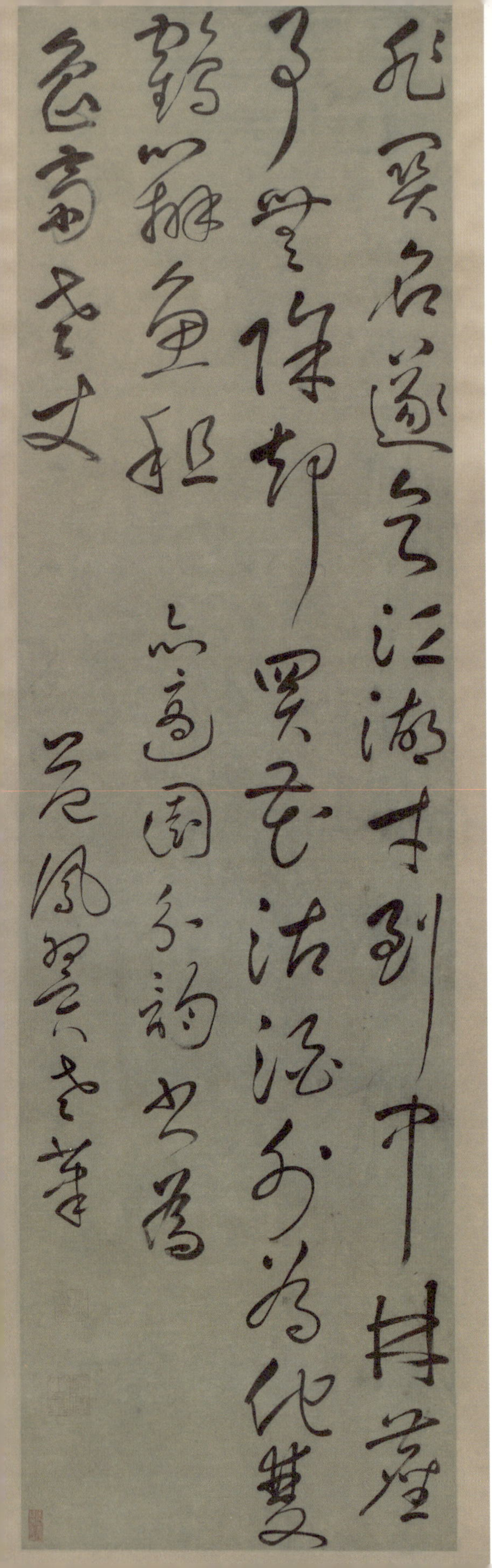

死買名遂隱江湖吾到中年意
了無可保卻買丟法泛舟為他事
韻如鵝魚鈕品意園分韻以為他
色畜為丈
范風誓民書

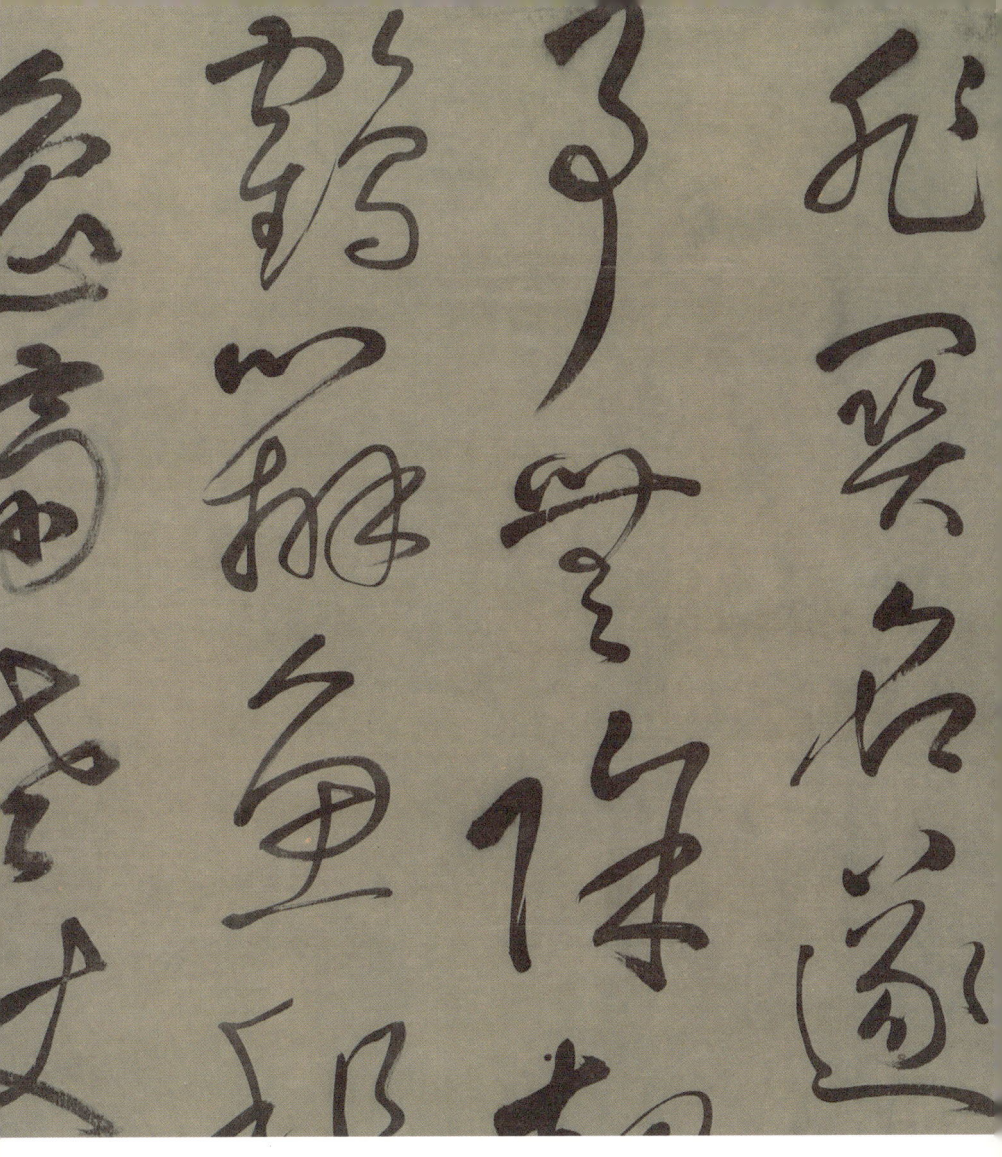

范凤翼行草立幅
Semi-cursive and Cursive Hanging Scroll by Fan Fengyi

清　绫本

范凤翼（1574—1655），字异羽，号太蒙，晚号真隐。南通人，明万历二十六年（1598）进士，享年82岁。著《勋卿文集》《玺卿诗集》。

此幅行草七绝诗行气疏朗，潇洒俊逸，笔法精熟，有晋人风韵。署款"范凤翼老笔"，钤"凤翼""勋卿之章"朱文印两方。左下有一白文收藏印"徐庚起鉴藏书画印"。

申鞠子鐵筆詩有序 申鞠子朝鮮之善能鐵朝賞家也余家石泓山房之長玉匣皆其所鐫款識長調於調余未知名 志樂於配善工智事 韶規戢書室余實賞其藝其印娘篆綠妙能體既共宇居誰戢太平鉄列銳搖志居貴實此七比日上邸宅門戶 歲非家何合人楷平生人如此浮中常以聲朝家若百金鈢風義經俊健及生樣貫拾斯遊中性書 業民會貴書

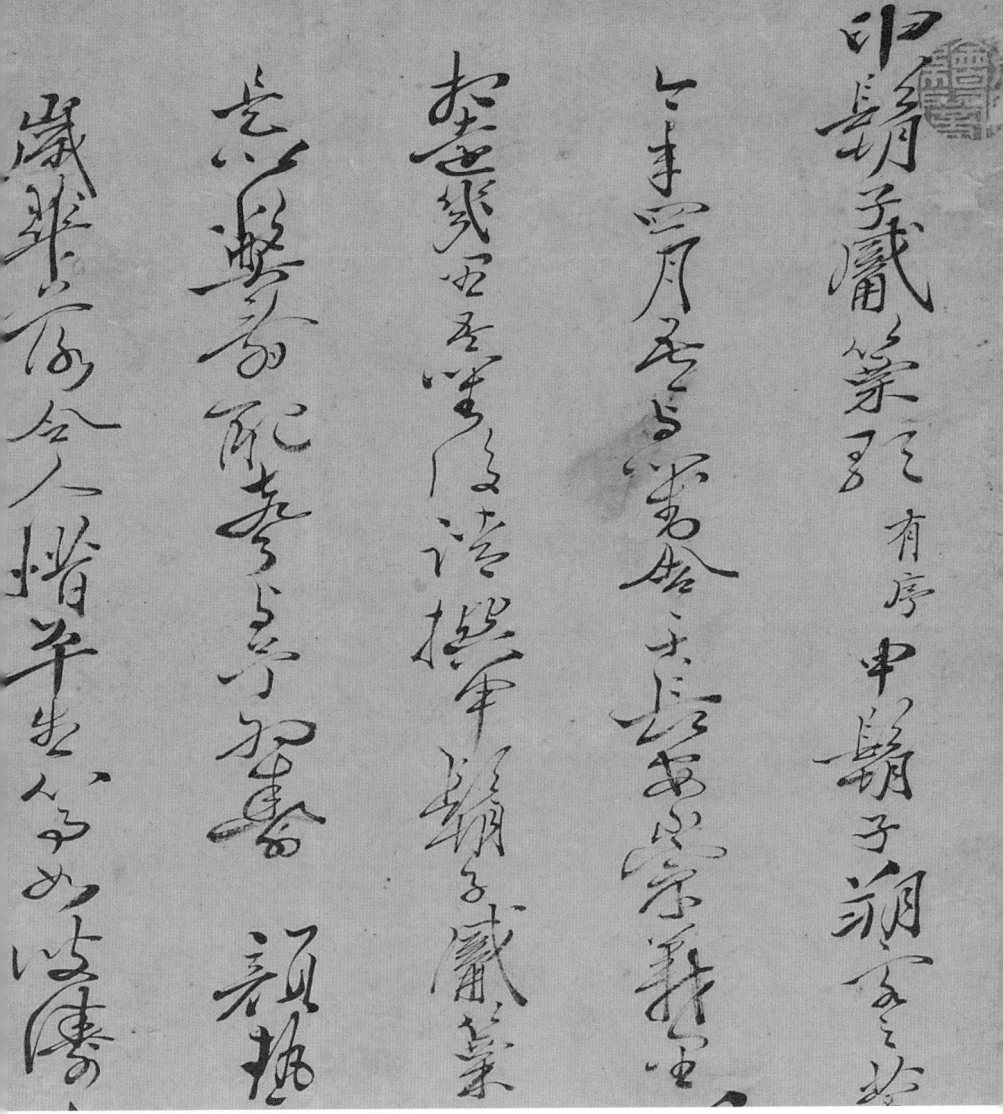

冒襄行书申胡子觱篥歌立幅
Semi-cursive Hanging Scroll "A Northern General's Hichiriki Song" by Mao Xiang

清　纸本

一

冒襄（1611—1693），字辟疆，号巢民。江苏如皋人，明末清初的文学家，善书法。享年83岁。善诗书，间作山水花卉。著《水绘园诗文集》《朴巢诗文集》等。

此幅书写的是唐代李贺的申胡子觱篥歌之原序，用笔瘦逸，顿挫自然，肆意豪放，不守绳墨。钤"冒襄巢民辟疆"朱文印，启首"水绘园"白文印。

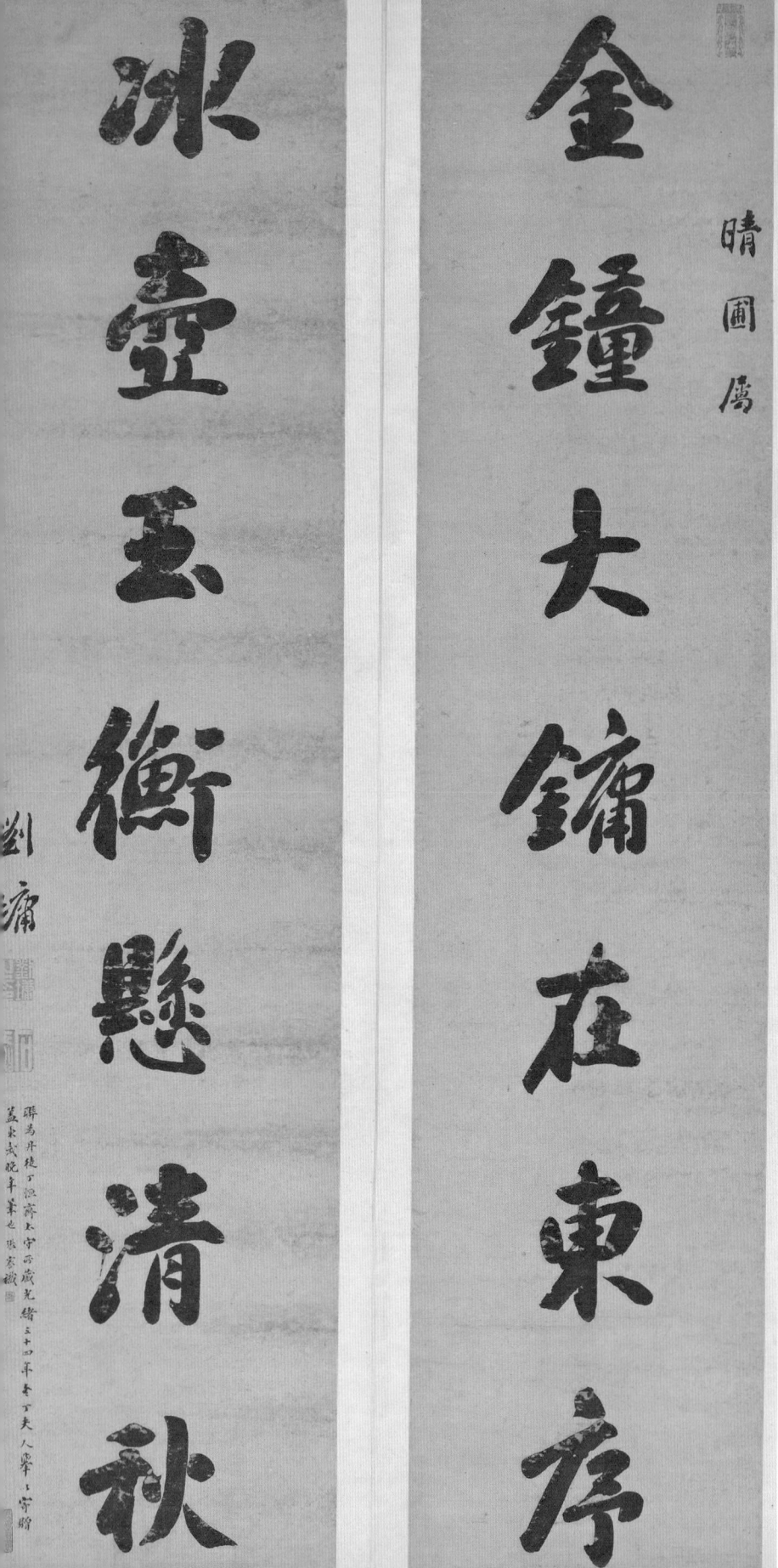

晴圃属

金鐘大鏞在東序

冰壺玉衡懸清秋

刘墉行书七言联
Semi-cursive Seven-character Couplet by Liu Yong

清　纸本
—

刘墉（1720—1805），字崇如，号石庵，清朝政治家、书法家。

此幅对联结构严谨，墨色浓重，字丰骨劲，笔短意长。上联署："晴圃属 刘墉"，下联有张謇先生题识。释文："金钟大镛在东序，冰壶玉衡悬清秋"。钤"刘墉之印""石庵"白文印两方，启首"御赐海岱高门弟"朱文印，另有"张绪武收藏书画赠送南通博物馆之印信"朱文印。

秋九月辛酉有鶡鴿千數棲集於麟德之庭樹竟旬焉飛鳴行搖浮在原之趣昆季相樂縱目而觀者以之適之不懼翔集自若

壺庵九兄大守察書陶山弟唐生冕

唐仲冕行书鹡鸰赋立幅
Semi-cursive Hanging Scroll "Ode to Wagtails" by Tang Zhongmian

清 纸本
一

唐仲冕,号陶山居士,世称唐陶山,原籍善化(今湖南长沙),为清代官员、学者。

此幅行书结构严谨,字体方正,用笔爽劲,笔势雄浑。唐仲冕书法初从二王入手,后又习董其昌等,此幅行书正体现了其凝重流畅的书法风格。署款"壶庵九兄太守察书 陶山弟唐仲冕"。钤"唐仲冕印"白文印、"陶山"朱文印,启首"乐琴书以消夏"白文印。

张謇佩一等嘉禾勋章
Grade-1 "Jiahe" Order of Zhang Jian

1912 年

1985 年张绪武捐赠。一等嘉禾勋章外形为两层以八组宝剑组成的八角星,圆心内镂刻"嘉禾"(即长得特别茁壮的禾稻)谷穗。宝光嘉禾勋章外形为两层以八组宝剑组成的八角星,中间双边圆圈内镶嵌珊瑚圆珠,圆心内镂刻"嘉禾"谷穗。1912 年中华民国临时政府成立,张謇先生被任命为实业总长兼两淮盐政总理。1913 年至 1915 年期间,张謇被任命为北洋政府农商总长兼全国水利局总裁。张謇致力于实业救国,曾主持制订并颁布的一系列经济法令、条例、规则,为中国民族资本工商企业的发展予以一定的保障,对国家的经济发展有着积极的推动作用。因其贡献卓著,先后被授予一等嘉禾勋章、宝光嘉禾勋章。

张謇佩宝光嘉禾勋章
"Baoguang Jiahe" Order of Zhang Jian

1922 年

—

1985 年张绪武捐赠。一等嘉禾勋章外形为两层以八组宝剑组成的八角星,圆心内镂刻"嘉禾"(即长得特别茁壮的禾稻)谷穗。宝光嘉禾勋章外形为两层以八组宝剑组成的八角星,中间双边圆圈内镶嵌珊瑚圆珠,圆心内镂刻"嘉禾"谷穗。1912 年中华民国临时政府成立,张謇先生被任命为实业总长兼两淮盐政总理。1913 年至 1915 年期间,张謇被任命为北洋政府农商总长兼全国水利局总裁。张謇致力于实业救国,曾主持订并颁布的一系列经济法令、条例、规则,为中国民族资本工商企业的发展予以一定的保障,对国家的经济发展有着积极的推动作用。因其贡献卓著,先后被授予一等嘉禾勋章、宝光嘉禾勋章。

张淑德绣夕阳返照图
Embroidery Piece "Sunset" by Zhang Shude

近代

1983年张柔武、张绪武捐赠。此作为仿真绣之佳作,由沈寿监制,女工传习所早期学员张淑德所绣。作品将西洋油画、摄影中的光影、色彩技法运用到刺绣艺术中。落日余辉宁静又神秘;林中溪水涓涓流淌。画面立体感强,将仿真绣的用光、用色、用针特色表现得淋漓尽致。

博物苑藏品

○ 早期藏品
　Early Acquisitions

○ 艺术类
　Artworks

○ 自然类
　Natural History Objects

14

北海狮
Steller's sea-lion

北海狮（*Eumetopias jubata*），是海狮科中体型最大的海狮。因在颈部生有鬃状的长毛，叫声也很象狮吼，故而得名。

南黄海长江口外海域被认为是北海狮分布的最南端。1966年4月6日在吕四海滩曾捕获到一头活的雄性北海狮，并运到南京玄武湖动物园饲养展出达2个月之久。

该标本为2013年9月购买。北海狮为国家二级重点保护野生动物。

糙齿海豚
Rough-toothed dolphin

糙齿海豚（*Steno bredanensis*）又名皱齿海豚，为海豚科的一种小型齿鲸。因牙齿表面有垂直细皱褶或脊，故而得名。

糙齿海豚，我国大陆海域发现较少。我苑收藏的这件糙齿海豚标本是 2009 年 7 月 22 日，渔民在吕四港出海 4—5 小时路程的 129 海域捕到的死体，后由我苑制作成标本。糙齿海豚为国家二级重点保护野生动物。

丹顶鹤
Red-crowned crane

—

丹顶鹤（Grus japonensis），是鹤类中的一种大型涉禽。全身羽毛雪白，脸颊、喉咙及颈侧为黑色。因裸出的头顶呈红色而得名。

这件丹顶鹤标本是1997年鸟类普查时受伤被捉，后由我苑制作成标本，该标本也是我苑在本地采集获得的唯一一件丹顶鹤标本。丹顶鹤为国家一级重点保护野生动物。

海门山羊
Haimen Goat

—

海门山羊（*Capra aegagrus hircus*）是产于江苏省长江三角洲地带的肉、皮、毛兼用型山羊地方品种，为牛科哺乳动物。早在唐代，由江苏句容一带移民带入的原籍白山羊，经过历代长期选育，形成了适应当地生态环境的山羊品种新类型海门山羊。海门山羊主要分布于长江三角洲地带的海门、启东、南通等县，因海门为中心产区而得名。

这件标本为 2005 年 4 月从海门购得活体，由我苑制作。

江豚生态和骨骼标本

江豚
Finless porpoise

江豚（*Neophocaena phocaenoides*），俗称"江猪""海和尚"等，属鼠海豚科的小型齿鲸。江豚全身蓝灰色或铅黑色，额部微微向前隆起，嘴角天生上翘，面部始终带有天然而纯真的"微笑"，是长江中最后仅剩的鲸豚类动物。

1983年1月，我苑在如东南坝公社黄海断头沙南采集到的一头怀孕临产江豚，我们将其制作成生态标本、骨骼标本和胎儿浸制标本，组成一个相对完整的标本系列，具有较高的科研价值。江豚现为国家一级重点保护野生动物。

创始人张謇　中国第一馆　建筑特色　**重要馆藏**　基本陈列　主题展览　社会教育　学术交流　参观指南

江豚胎儿浸制标本

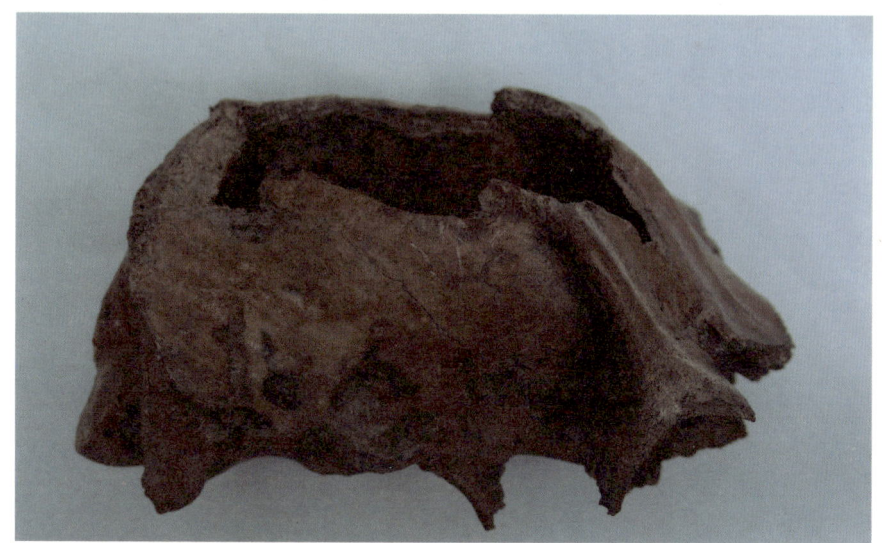

∧
麋鹿头骨亚化石

麋鹿头骨亚化石
Skull Subfossil of Elaphurus davidianus

麋鹿（*Elaphurus davidianus*），是鹿科动物中的一种大型食草动物。因其"蹄似牛非牛，头似马非马，尾似驴非驴，角似鹿非鹿"，所以俗称为"四不象"。

这件麋鹿头骨亚化石为1979年4月出土于江苏海安青墩新石器时代文化遗址。在出土的大量人类遗物中，麋鹿骨骼亚化石为最多。古人不仅食其肉，吸其髓，还利用麋鹿骨角做成工具、装饰品，并把麋鹿角枝作为一种文化载体，用刻划、锥点纹来指事或记数。

麋鹿角枝亚化石

片麻状奥长花岗岩
Gneissose Trondhjemite

—

片麻状奥长花岗岩,是一种岩石。这件标本,总体呈灰褐色,长9.6厘米,高7.6厘米,宽6.4厘米,距今38亿年。它是中国已发现的最古老的岩石,是世界地质界少有的发现和勘探成果,是研究地球成陆和变迁的不可多得的物证,我国博物馆和高校等收藏机构中少见,弥足珍贵。

这件标本为2017年4月19日,一直热心家乡文博事业的中国地质科学院地质研究所研究员陈炳蔚先生捐赠。

潜龙化石
Fossil of Hyphalosaurus

—

潜龙(*Hyphalosaurus lingyuanensis*),又名水生蜥,是一种生活在距今约1亿2千2百万年前早白垩纪的水生爬行动物,出产地位于辽西热河动物群中义县组,成体最长可达1米。该标本长69厘米,高24厘米,厚1.7厘米,重63.01千克,骨骼清晰、特征明显,保存非常完整。

这件标本为2003年7月25日有"中华龙鸟之父"称誉的中国地质科学院季强博士赠送。季强博士为南通人,为帮助支持家乡博物馆事业的发展,先后多次向我苑捐赠恐龙化石标本。

青茎鸡脚棉
Qingjin Jijiao Mian (a variety of Gossypium arboreum)

一

青茎鸡脚棉为锦葵科植物,是张謇盐垦时代改良培育并大面积种植的南通地方老棉花品种。因其叶片成 3—4 个深裂,形似鸡脚而得名。

该标本为南通高级农艺师曹云泉老先生在 2012 年 10 月 9 日采集于南通市通州区三余镇棉花田中,后赠送我苑。那片棉花田在近代盐垦史上张謇先生创办的大有晋盐垦公司所在范围内。青茎鸡脚棉已濒临绝种百余年,现在采集到的这件标本在性状上有了变化。

长颈鹿
Giraffe

—

长颈鹿（*Giraffa camelopardalis*），顾名思义，就是颈部特别长的鹿类动物。身高可达6-8米，是世界上最高的动物，主要分布于非洲撒哈拉沙漠以南；依据皮肤上斑纹颜色的不同，可分为9个亚种。

这件标本是我苑于2009年11月15日向南通市文峰公园动物园征集的死体，当时测得体高3米，为年龄4岁的长颈鹿"小姑娘"。该标本毛色光亮、体表完整，造型准确，是我苑采用现代标本剥制术制作的体量最大的动物剥制标本。

长须鲸头骨残存
Fin Whale

—

长须鲸（*Balaenoptera physalus*），为鳁鲸科一种分布范围很广的中大型须鲸。最大成年鲸体长达 26 米。因冬季黄海中食物充足，故以黄海的鲸群较多。

长须鲸骨骼标本原长 12 米，为离乳期不久的长须鲸，1911 年 2 月 20 日，采集于南通吕四滩涂，是张謇时代的博物苑旧藏，并陈列于专门为它改建的北馆一楼。1937 年，抗日战争爆发，南通博物苑展品在劫难逃，现仅留不完整的长须鲸头骨残存至今。长须鲸为国家二级重点保护野生动物。

中华鲟
Chinese sturgeon

—

中华鲟（*Acipenser sinensis*），是我国特有的古老珍稀的鲟科鱼类，有"活化石"之称。它是生在江河里，长在海洋中的大型洄游性鱼类。每年春末夏初从近海进入长江。生活在长江流域的中华鲟，大多体重在50公斤以上。

这件中华鲟标本，是2004年8月18日采集于苏通大桥B2工段江中，体长达3.3米，除头部稍有伤口外，其余较为完整。在野生中华鲟中，体量如此之大的，较为罕见。中华鲟现为国家一级重点保护野生动物。

05

基本陈列
Permanent Exhibitions

南通博物苑陈列面积3500平方米，分为历史基本陈列、自然基本陈列。历史基本陈列包括"江海古韵——南通古代文明陈列""中国第一馆——南通博物苑早期复原陈列"等代表性展览；自然基本陈列则有"巨鲸天韵——江海鲸类生物资源专题陈列"等展览。

基本陈列

○— 历史基本陈列
　　Permanent Display of History

○— 自然基本陈列
　　Permanent Display of Natural History

江海古韵——南通古代文明陈列

Legacy of a Region between the River and the Sea: Ancient Culture of Nantong

基本陈列，是一个博物馆的根基和灵魂，最能体现馆藏实力和研究成果。作为2013年南通博物苑新馆展陈更新之一的"江海古韵——南通古代文明陈列"位于南通博物苑新展馆一楼，展出面积约805平方米，共展出馆藏文物850多件，其中包括国家一二级文物25件。

南通一带的土地来自长江和大海的孕育。漫长的生长伴随着消长反复，使得它的区域不时地发生变化，实实在在地见证着沧海桑田这一古老的神话。特有的地理位置使本地罕见重大自然灾害，历来少有战事，因而被人们视为"福地"。地区的安宁为人们享用幸福提供保障，而适宜的环境和丰富的物产，更是天地造化对此的特别眷爱。先民们收受了这份福源，以其勤劳和智慧编织起幸福之梦，催生出丰富多彩的古代江海文化。

本展览以南通地域保存下来的文物为主，展示了南通沧海桑田、区域不时地发生变化，南通先民与自然相互依存和修正的历史轨迹。展览共分四个部分：第一部分，江海沧桑。分史前曙光和重辟草莱两个单元，讲述了南通新石器时代的文明和南通地质环境的变化。第二部分，盐棉兴邑。分熬波煮海和杼织东疆两个单元，展示了促进本地发展的盐、棉经济历史。第三部分，城镇肇基。分城池变迁和江防水运两个单元，讲述了南通古城的演变和长江对本地的滋养与防护。第四部分，文华逸韵。分庙堂钟鼎、文坛艺苑、市井民风三个单元，

再现了江海文化的多元性与独特性。尾声:开启新天,展现了基于江海交汇的地理优势,古代南通的棉纺业兴旺发达,成为近代南通较早转型发展的基础,催生了近代工业文明的到来,以张謇为代表的先贤建设的"模范县",使一个辉煌的近代南通定格在历史的时空,为今天的南通迈向新的纪元奠定了坚定的基石。

"江海古韵——南通古代文明陈列"改变了展览以往按照历史纪年展示的常规套路,从"自然、经济、政治、人文"四个方面全面演绎了江海历史遗存。其中强调南通独特的地理位置,紧扣"盐""棉"等关键词做足文章,从而使人们懂得南通是一个在历史上充满活力、承载"江风海韵"传统的城市。

在五六千年前新石器时代,南通土地上便出现了人类的活动。海安青墩、吉家墩出土的石器、骨角器以及麋鹿等动物化石为该历史溯源提供了佐证。"江海古韵"陈列中,在展出上述化石藏品的同时,提出"青墩原始人从何而来"的问题与观众互动,让他们各自想象出一个个故事来加以回答,展览配备了知识题板、多媒体视听以及二维码设置等手段,激发人们观赏的兴趣,增加观众相互之间交流互鉴的机会。整个展览将一件件藏品环扣起来演绎出一个个生动鲜活的故事,带领人们穿越时空的阻隔,在追寻历史足迹的过程中分享中华文明的集体记忆。而栩栩如生的情境建构、

方便快捷的新媒体运用，随处可见的观众互动，则营造了人们认识地方历史发展和自然形貌的最佳氛围。

"江海古韵"展示的是南通古代的文明。这段文明虽已渐行渐远，但终究是本土文化的根源。沧海桑田带动了本地区历史的进程，先民们在这里演绎的是一曲人与自然相互依存和修正的瑰美乐章。

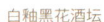

白釉黑花酒坛

陈实功用青花瓷乳钵

鎏金绿度母坐像

状元及第

2 中国第一馆——南通博物苑早期复原陈列

The First Chinese Museum: Restoring the Nantong Museum's Early Displays

一、展览内容

南通博物苑最早的陈列馆,建于1906年。当时这里展出了大量的文物标本,室外种植花木、开辟药圃。张謇创造性的将室内陈列与室外展示并举,形成了独特的展览体系。按照张謇的设计,博物馆的藏品应该是纵之千载,包罗古今中外。作为复原陈列,依据当年编印的《南通博物苑品目》遴选文物,以旧藏文物标本为主,展出文物标本近400余件。

展览设计理念和目标:回到100年前,寻求与本苑创始人张謇的一次对话。在博物苑最早的展览馆,延用张謇的办馆理念,选用当时的文物展品,再现当年的展览陈

列，创造一种时空穿越的体验，理解和印证张謇伟大梦想的现实意义，也是对中国博物馆事业开拓者的一次致敬。

展览设计以张謇创建博物苑初期博物楼的陈列形式和布局为依据，按照张謇亲自编撰的《博物苑品目》的分类，对早期博物楼历史陈列进行复原。展览共分为两大部分：一楼为天产自然部，以动植物、矿物标本为主，陈列形式以 20 世纪初通用的开放式货架为主要手段；二楼按《博物苑品目》分为历史、美术等，利用仅存的两件早期博物苑陈列平台柜和独立柜为样本，复制了展览橱柜，从 3 千余件苑藏早期文物中遴选了近千件文物进行了展示。

追古抚今，责任在肩，为再现博物苑早期展览的面貌，通过此展览，旨在反映博物苑开拓者筚路蓝缕的艰辛，当代苑丁持盈守成的努力，以唤起更多观众参与到人文交流与文明互鉴中来，让人们相逢相知，共享和谐安宁、富裕文明的美好生活，继承和发扬中华优秀传统文化，在中华大地上再造无愧于历史、无愧于时代、无愧于人类的复兴伟业！

二、形式设计

展馆呈对称式多边结构，共有两层，面积 400 平方米。展陈方式根据展品不同要求而定，一楼为自然标本，采用封闭式橱柜陈列，

二楼为器物展示，采用开放式展架陈列。展览利用原有历史建筑空间以及按历史上保存下来的原有展柜进行复制布展。在辅助展品和灯光的运用上也充分考虑了百年前博物苑陈列的气质，做了较为契合的布置。通过货架式陈列，表达并传递出张謇的博物馆思想和理念，再现"中国第一馆"的风采，让观众及博物馆同行更加直观地感受到博物馆事业发祥地的价值和魅力。

参观流线采用环形线路加自由线路。展厅入口陈列的"博物苑"石额，由张謇题写，是镇馆之宝，也是该陈列的内容核心。

复原陈列在空间规划上遵循不改变原状的原则，以最大限度保留原有空间格局和还原历史陈列展线为前提，尽可能减少对空间的干预，通过文物藏品与历史空间的有机组合，让观众在历史文物建筑的空间中，感受中国早期博物馆的风格。

三、宣传推广

在宣传推广方面,南通博物苑结合展览,和本地电视台、电台、报纸以及国家文物局、中国文物报社、中国日报社等媒体联系,在展览前、布展中及开幕当天,有序地进行报道,引导观众参观,传递张謇的博物馆思想和理念,再现"中国第一馆"的风采。

在文创产品开发方面,南通博物苑结合此次展览围绕博物苑元素特别设计了"中国第一馆"系列产品,开发了"第一馆"书签系列、第一馆早期历史建筑外貌为原型的手工皂、"博物苑观览"证、博物苑笔记本、以及创办人张謇系列状元笔系列等十余个品种,二十多款样式,产品类型多样、精致实用,深受游客喜爱。

四、观众服务

在观众服务方面,展览期间南通博物苑共计接待观众约 9.5 万人次。同时,结合"中国第一馆"主题,开展的社会教育活动也是丰富多彩,如"多识鸟兽草木之名""格物明理""化石的故事""听,文物会说话",以及针对小小讲解员的博物馆课程。展馆的开放与公众服务,配备专业讲解与志愿者开展深入服务,通过讲解与交流的方式让观众了解"中国第一馆"。

该展览多次接待了中外博物馆同行及各级领导。在 2018 年 5 月南通举办的"博物馆的历史"国际博物馆馆长论坛南通分论坛中,来自法国、德国、美国、英国、丹麦、印度等国的 20 余位知名博物馆馆长,20 余位国内博物馆馆长,多位国家及省市文博界领导、专家学者以及文博媒体参观了该展览。

2019 年,南通博物苑"中国第一馆——南通博物苑早期复原陈列"展览获评首届(2016—2018 年度)"江苏省博物馆十大精品展览"精品奖。这代表了业界对本次展览内容及形式的肯定,也是对南通博物苑办展的认可。

基本陈列

- 历史基本陈列
  Permanent Display of History

- 自然基本陈列
  Permanent Display of Natural History

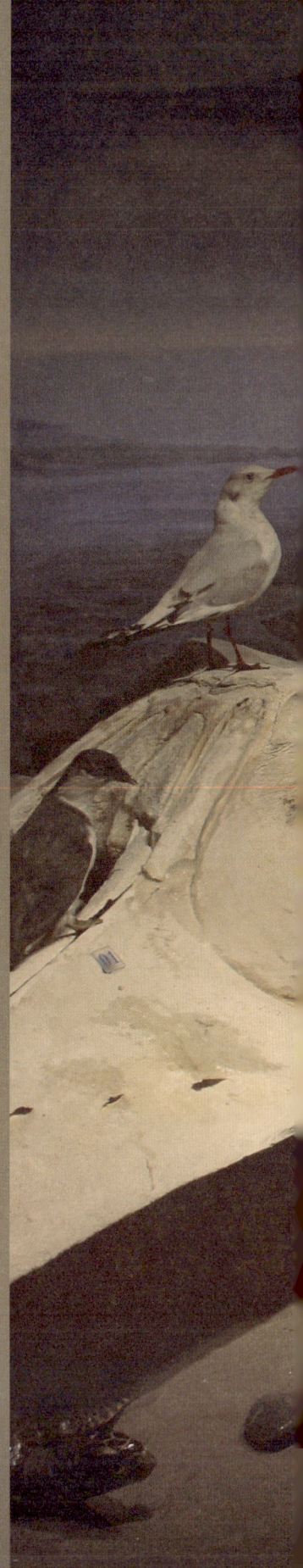

1

《巨鲸天韵——江海鲸类生物资源专题陈列》综述

An Overview of the Thematic Display "Huge Whales Nurtured by Nature: the Cetacean Creatures Living in Rivers and Seas"

《巨鲸天韵——江海鲸类生物资源专题陈列》是南通博物苑基本陈列之一。该展览通过实物标本、多媒体互动、写意试场景、科普小影院等展示形式，分"结缘鲸类"和"与鲸共舞"两大版块，用人文情感讲述鲸与博物苑的故事、鲸与同生息共命运的江海生物的故事，总展示面积七百平方米。

该展览共展示标本329件/组，其中国家一级重点保护野生动物7件、二级重点保护野生动物34件。展厅划分为一楼的"海下"和二楼的"陆上"，显示出从深海、浅海、滩涂、长江最终到湿地的设计层次，序厅设置艇舱，使观众可以由艇舱进入"海下"，再由"海下"穿行到"陆上"，平添了几分趣味。观众沿线而行有远观近赏的便利，能对厅中的陈列作局部和整体相结合的观赏。展厅中，空中悬挂着的巨大的鲸骨架、橱柜中展示着鲸的标本，右侧一角还有模拟的鲸搁浅海滩的场景……无不给人以强烈地视觉冲击和心灵震撼。博物苑与鲸结下的百年情缘，从展厅一角陈列的年代最为久远的珍贵长须鲸头骨开始。这条鲸，原先是通海垦牧公司的工人在滩涂发现的一头搁浅而死的巨鲸，张謇称之为"海大鱼"。1911年，张謇将这副长达十多米的鲸骨架运回博物苑，还专门为它更改了北馆建筑的尺寸。"可惜博物苑后来遭受日本侵略者的严重破坏，长须鲸标本仅存

< 夜鹭

∧ 白琵鹭

头骨残存。"到了上世纪 70 年代，南通博物苑开始恢复自然类藏品的收集工作，第一件登记入藏的标本即为大须鲸。目前，全国自然博物馆展厅中，大须鲸骨骼标本仅南通博物苑一例。进入 21 世纪，博物苑曾成功救活一条搁浅的拟大须鲸，使其安然回到大海。展厅中模拟的拟大须鲸（骨骼标本）搁浅海滩的场景展示形式，发人深省，国内鲜见。江豚的展示最为齐全，不仅有生态、骨骼标本展示，还能看到近足月江豚胎儿浸制标本。从建苑初期到现在，博物苑共收集到 7 种鲸类标本，在本展览中全部展示出来，分别为须鲸类的长须鲸、大须鲸、拟大须鲸、小鳁鲸以及齿鲸类的伪虎鲸、糙齿海豚和江豚。这些珍贵的鲸类标本收藏，得益于南通所处的滨江临海的优越自然地理环境，得益于博物苑历代工作者对创始人张謇先生珍惜资源、崇尚科学精神的弘扬！

"与鲸共舞"下设"浊海欢歌""滩涂靓影""大江浪曲""湿地鸟语"四个单元，主要展示与鲸类休戚相关的黄海、长江中的生物及周边湿地大的生态系统中的盎然生机。"浊海欢歌"主要展示与鲸类共生的大黄鱼、小黄鱼、带鱼、鲳鳊鱼等黄海经济鱼类，它们不仅是"大鱼"的食物，也是人们餐桌上的美味，以及在南通区域出现过的斑海豹、海狗、北海狮等其他与鲸伴生的海洋生物。"滩涂靓影"主要展示黄海滩涂经济贝类、虾类、蟹类，辅以展示海边栖息鸟类。"大江浪曲"以江豚为主角，展示与江豚伴生的长江及内陆河口鱼类，并以白鳍豚展柜

∧ 白枕鹤

创始人张謇　中国第一馆　建筑特色　重要馆藏　**基本陈列**　主题展览　社会教育　学术交流　参观指南

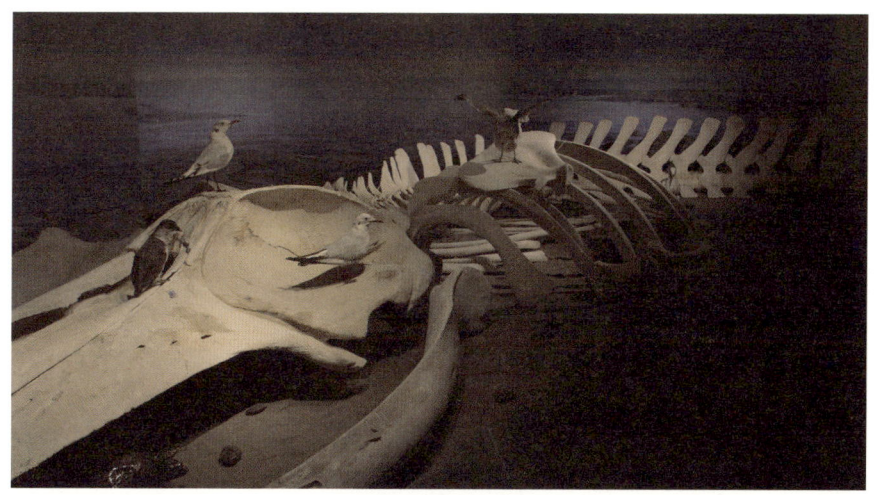

标本的空白,设了一个开放性的结尾,引发观众的注意和思考。"湿地鸟语"以长江口北支湿地自然保护区为蓝本,以大写意手法,展现空中飞舞的野鸭以及在河里捕食、在岸边休憩的夜鹭、豆雁、大天鹅、牛背鹭、丹顶鹤、白鹳等水禽。

此外,展厅中多媒体互动与科普小影院,让静止的标本变得鲜活起来。序厅中的大型多媒体屏幕非常吸引人们的眼球,一个蓝色的卡通造型人物"小鲸鲸"骑在巨鲸的背上,带你一同"黄海观鲸",这是专门为不熟悉海洋知识的游客进行的贴心设计。还专门开设了"小鲸鲸课堂",届时,孩子们可以在多媒体设备上与小鲸鲸互动,观看《小鲸鲸历险记》,玩鲸类骨骼拼接的游戏。如果参观累了,观众还可以去二楼专门开辟出的一块休息区,这里不间断循环播放有关鲸类等海洋动物的科普纪录片、电影。这些电影的放映将帮助大家了解一些海洋知识。

整个展览内容朴实亲切、引人入胜,色调清新靓丽、赏心悦目,呈现出自然情趣之韵与欢乐祥和之美,观众身临其中,能通过眼、耳、手、身、心去感受博物馆传递的人类文明信息,轻松愉快地接受潜移默化的教育和润物无声的熏陶,真正做到了让标本说话,让标本唱主角,张扬本土本色的目标,营造了一个能够让人心灵震撼、用心思考的科学殿堂。

创始人张謇　中国第一馆　建筑特色　重要馆藏　**基本陈列**　主题展览　社会教育　学术交流　参观指南

06

主题展览
Thematic Exhibitions

为了发挥博物馆的职能，南通博物苑每年均会举办系列特色鲜明的主题展览，如"香篆匠心——丁月湖与印香炉展"等。2020年11月12日，为贯彻习近平总书记的讲话精神，南通博物苑和张謇故居列入爱国主义教育基地，让广大民营企业家和青少年受到教育，增强社会责任感，坚定"四个自信"，南通博物苑在南通市档案馆、南通纺织博物馆、南通市图书馆、江苏大生集团以及部分藏家的支持下，设计制作了"爱国企业家的典范、民族企业家的楷模、民营企业家的先贤——张謇"主题展览。

1

爱国企业家的典范、民族企业家的楷模、民营企业家的先贤——张謇

Zhang Jian, a Role Model for Patriotic Entrepreneurs, an Example to Chinese Entrepreneurs, a Forerunner of Private Entrepreneurs

2020年11月12日，中共中央总书记、国家主席、中央军委主席习近平视察南通博物苑，了解张謇兴办实业、教育和社会公益事业的情况。习近平指出，在当时内忧外患的形势下，作为中华文化熏陶出来的知识分子，张謇意识到落后必然挨打、实业才能救国，积极引进先进技术和经营理念，提倡实干兴邦，起而行之，兴办了一系列实业、教育、医疗、社会公益事业，帮助群众，造福乡梓，是我国民族企业家的楷模。要把南通博物苑和张謇故居作为爱国主义教育基地，让广大民营企业家和青少年受到教育，增强社会责任感，坚定"四个自信"。

为贯彻2020年11月12日习近平总书记的讲话精神，南通博物苑在南通市档案馆、南通纺织博物馆、南通市图书馆、江苏大生集团以及部分藏家的支持下，设计制作了《爱国企业家的典范、民族企业家的楷模、民营企业家的先贤——张謇》展。

展览分为"爱国情怀""开放胸襟""创新精神""诚信品格""社会责任""薪火相传"6个单元，通过80余件实物、130多幅珍贵历史图片，全面展示了张謇作为中国近代著名的爱国主义者，杰出的实业家、教育家、慈善家的精神世界。其中翁同龢题大生纱厂对联（复制件）、大生

纱厂厂儆图（复制件）、资生铁厂仿制的亨利织机、张謇创办的大生系统各类印章、张謇鬻字账本、张謇致张孝若信函、张謇任农商总长期间制定的法律汇编等系首次在博物苑展出。此外，本次展览还通过多媒体技术、智慧导览等，实现沉浸式参观的效果。

第一单元：爱国情怀
本章节分"变革图强 抵抗侵略""实业救国 治贫扶弱""教育救国 启智兴邦"三个小单元。

第二单元：开放胸襟
本章节分"吸纳先进技术 推动企业生产""放眼观察世界 力求救亡图强""转向开放经济 争衡五洲名产""建设模范城市 招引世界眼光"四个小单元。

第三单元：创新精神
本章节分"创新公司制度 改进生产模式""首开大农业 组建产业链""推行村落主义 建设近代名城""兴办新式教育 推动教育变革""支持科学技术 改良民族工艺""引领近代思潮 改良社会风气"六个小单元。

第四单元：诚信品格
本章节分"注重质量 树立信誉""忠信笃敬 倡导诚信""制定法律 依规经营"三个小单元。

第五单元：社会责任
本章节分"利用厚生 裨益民食""兴办慈善 周恤乡里""为民生计 全面经营""千纸江湖 普济良苗"四个小单元。

第六单元：薪火相传
张謇是引领潮流的先驱者、开拓者、实践者，虽然他的许多宏图志向囿于时代无法实现，但他在实业救国、造福桑梓的实践中展现出来的爱国情怀、开放胸襟、创新精神、诚信品格、社会责任，已成为一笔弥足珍贵的精神财富，在这片江海大地赓续传承，不断地焕发出新的时代价值，成为激发江海儿女自强不息的永恒动力。

本章节分"强毅力行 通达天下""百年纺织 永葆青春""先进教育 千秋得利""健康民风 体育奇迹""华夏一馆 开启新天""慈善精神 万世续存""江海联动 再创辉煌"七个小单元。

企业家精神是张謇精神的主体，爱国是张謇企业家精神的核心和灵魂。正是张謇本着"为世牛马""为世界牺牲"的人生观、价值观，并敢作敢为、身体力行，使他成就了常人难以企及的宏大事业。自1895年张謇筹建大生纱厂起，至20世纪20年代初，南通建成以大生纱厂为核心，拥有工业、交通、金融、贸易等37家工商企业，沿海地区兴建20家盐垦公司，形成了资本额达2483万两白银的大生企业系统，成为当时全国最大的民族资本集团。同时，还形成了由300多所各类学校以及大批文化、公益设施构成的地方文教与公益体系，水利、供电、通讯等基础设施也同步推进。

张謇逝世虽近百年，但他给世人留下了巨大的物质财富和丰富的精神财富。他的事业和他的精神无疑是南通乃至全国范围内的文化标识和精神标杆。在新时代，传承和进一步发扬张謇的爱国情怀、开放胸襟、创新精神、诚信品格、社会责任，就是对他最好的纪念！

2 香篆匠心——丁月湖与印香炉展

Exhibition "A Craftsman Creating Incense Moulds: Ding Yuehu and Moulding Incense Burners"

一、展览内容

"香篆匠心——丁月湖与印香炉展"是南通博物苑组织策划的原创性展览。丁氏印香炉作为南通历史上曾经出现的优秀工艺品,其作品历来受到博物苑的重视与珍藏。展览题材紧密结合特色馆藏与地区文化资源,具备完善的学术支持,展览内容贴近现实生活,具有文化引导性。

印香炉之印香,顾名思义,是与印相关的一款别具趣味的熏香炉具,其历史上朔悠久。据考宋代印香的"香篆",选用木料刻篆为主,体积较大。明代时,"香篆"渐改用金属且镂空刻篆,体积渐小,开始出现印模和香铲等组合的印香炉雏型。宋代人洪驹父著有《香谱》,由"百刻香"条目可知,印香初始具有计时与香熏功用。

晚清时期,南通地区出现了一种风格独特、工艺精致的印香炉。设计者为南通石港人丁月湖(1829—1879),名沄,字月湖。其才华横溢,能书善画,对金石篆刻有较深的造诣,在近代南通颇有声望。

展览着重通过早期印香炉、丁月湖监制印香炉、早期丁氏印香炉仿制品及当代丁氏印香炉仿制品,让观众对丁氏印香炉的前世今生有一系统了解,再通过展厅内设的香道表演及打香篆的互动等活动,使观众更多地体验印香文化,从而体会中国香文化的博大精深,此为南通博物苑举办此展览的初衷。

展览共分为六个单元。第一单元,介绍丁月湖生平。丁月湖,南通人,居石港场,能书善画,工于书法,尤善画竹、石,并对金石篆刻有较深的造诣。丁月湖有着多年幕府游历生涯,回乡之后,寄情翰墨,假琴书自怡。

第二单元,印香炉发展史。此部分简要介绍从唐代到晚清时期印香的发展与用香方式。我国古代早就有薰香的习惯,人们把精心配制的香料放在特制的薰香炉里,用火点燃,缕缕青烟从炉孔中冒出,可使满室馨香,达到驱虫除秽、清气爽神的目的。

第三单元,介绍丁氏印香炉。此部分内容从丁月湖机缘巧遇涉足印香炉设计到特有炉式风格的创立,着重介绍丁氏印香炉的工艺特色。

第四单元,《印香图稿》的推广与技艺传承。由于丁月湖所制的印香炉流传极少,自清末以来,社会动荡,香道文化衰落和

工艺更替,导致印香炉制作工艺逐渐失传。自20世纪70年代起,一批传统手艺者开始挖掘和恢复中国传统铜炉制作技艺,在丁月湖《印香图稿》基础上,恢复和创作仿古印香炉超过20个款式,形成圆艺雕、方艺雕、碑刻、古琴、竹节、福禄寿系列等多种形制的系列作品,从而进一步丰富了传统印香炉这一文人雅士喜闻乐见的铜香炉形制。

第五单元,介绍丁式印香方。通过展示香材,给观众以直观认识。

第六单元,印香炉的使用。这部分主要介绍印香炉的使用步骤和基本方法。

二、形式设计

在艺术表现上,展览力求营造传统氛围与艺术美感。运用文物的组合摆放、历史场景还原、多媒体展示、灯光氛围布置等多种展陈手段。为贴近展览主题,营造清雅、宁静的氛围,展览中运用中式红木家具和艺术插花相搭配的形式,展现古色古香的艺术气息。

在空间规划上,展览采用展厅与公共空间相结合的方式,以中国传统香文化为展示背景,营造展览氛围,单元之间具有连贯性。展览中设置多个观众互动体验区,如在展示丁式香方的单元,设计专门的香材展示

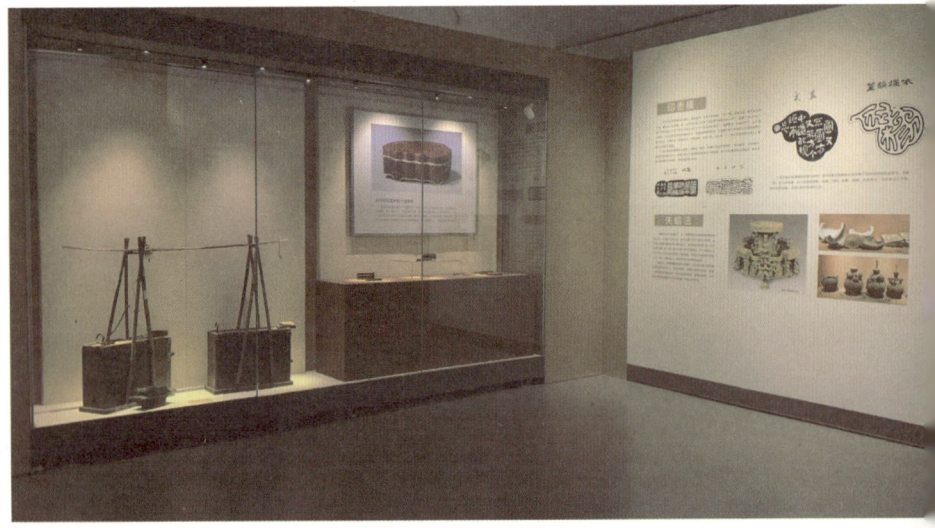

区和香材品鉴台,采用视觉和嗅觉相结合的方式,丰富观众的体验感。

三、宣传推广

在宣传推广方面,南通博物苑结合本次展览工作推进和宣传重点,联系各大媒体分阶段推送展览讯息。其中包括《南通日报》、《江海晚报》、南通电视台、南通人民广播电台、南通网、江海明珠网、南通博物苑网站及微信公众号等媒体,对展览背景以及重点展品进行介绍,吸引同行以及广大观众的关注。同时南通博物苑拍摄制作多个展览宣传片进行分时段推广,保持展览的宣传热度。

在文创产品开发方面,南通博物苑以"丁月湖"印香炉为主题开发了一系列文创产品,包括文具、书籍、家居用品等类别。

四、观众服务

在观众服务方面,展览期间南通博物苑共接待观众 7.8863 万人次,其中未成年人观众 0.98 万人次。在常规专职讲解、志愿者义务讲解的基础上,推出定时专家讲解,为观众提供多层次的导览服务。

同时,南通博物苑围绕展览开展了丰富多彩的社会教育活动,如恭贺新年·赠"祈福香囊"、香道表演、打香篆体验活动等,共计 110 场,受众近 4820 人次。展览期间,将宋人雅事焚香、挂画、插花融入主题活动,举办多场香道表演、古琴演奏、中式插花等活动,深受观众喜爱。特邀北京京西翰方医学研究院院长、翰方香学研究中心首席专家师宝萍作学术讲座——修心养性香生活,报告深入浅出、例证生动风趣、香艺展示唯美可观,让参与者从听觉、视觉和嗅觉全面感受到中国传统香文化的魅力。

2019 年,"香篆匠心——丁月湖与印香炉展"展览被列为江苏省馆藏文物巡展项目,赴宿迁市博物馆、中国海盐博物馆、淮安市博物馆、张家港市博物馆、东台市博物馆、太仓市博物馆进行巡展,共接待观众约 5.27 万人次,受到各地观众的广泛欢迎。

3 张謇故居——濠南别业

Former Residence of Zhang Jian: South Hao Villa

濠南别业位于张謇创办的南通博物苑的西北角，是张謇在南通城区建造的最早的一座住宅。在濠南别业建成以前，虽已成功开办大生纱厂、通州师范学校、南通博物苑等，但他未给自己建设一个固定的居住场所。在通城办事时，或住在大生纱厂，或住在通州师范，或住在博物苑，这对他经营地方事业并不是很方便。约在1912年，张謇就有建宅的打算，当时还集《庄子》《后汉书》语句，拟写了濠南别业客室楹联"入水不濡，入火不爇，与子言孝，与父言慈"；但真正动工却在1914年，根据《啬翁自订年谱》民国三年（1914）五月记载："余于通无住所，分博物苑西北地营濠南别业。" 1915年6月28日别业落成，张謇全家入住。当时，张謇之子张孝若有《别业落业》诗记载当时的情景。

濠南别业是一座融园林和住宅为一体的建筑群落。这座大楼的设计师孙支夏，毕业

南通博物苑国秀亭

创始人张謇　中国第一馆　建筑特色　重要馆藏　基本陈列　**主题展览**　社会教育　学术交流　参观指南

张謇故居——濠南别业

于张謇创办的通州师范学校。濠南别业的式样据说参考了现在北京动物园内，原慈禧太后住过的畅观楼。它的大门北向濠河，门两侧原有围墙遮护，门内两边均有廊屋，分别为门房、车库、工房、厕所等。主体建筑位处正中，是一座英式洋楼，高达四层，坐北朝南，楼上东西南三侧有回廊，南面还有月台突出。楼内主要房间都有壁炉，门窗宽敞，结构典雅。由于该楼被视为中国近代吸收西洋建筑艺术的典型作品，它的图样被录入《中国建筑简史》，由此可知它有举足轻重的"身价"。

大楼的北边，有山石围成的松坛一处，内植古松，松下还雕鹤两只。松树移自军山东侧，相传是清乾隆年间通州状元胡长龄手植。松高三丈余，围可合抱，当时曾以临时铁轨移运，费时三月，沿途观看者"塞途空巷"。民国四年十二月（1916年1—2月），张謇曾作《移松行》记述这一情景。

在别业大楼的南边也有花圃，内植奇花珍树；再南是漏窗围墙，中有门通向博物苑草坪。别业南门两侧种有两株紫藤。楼西有通道与1920年建的西楼相连接，西楼北有花房，南有水池小桥，颇饶幽趣。两楼之间有围墙、竹林。楼东为厨房，房北走廊，内有门通向花竹平安馆。

楼内除寝室、食堂、琴书室等生活用房外，还有办事室、书记室、议事室、客室等工作用房，证明此楼具有综合功能。另外，还有一间专为祀祖用的先像室，内供先世神位、画像、遗照。张謇还专门撰写了一副对联："将为名乎，将为宾乎，自有实在；瞻望父兮，瞻望母兮，如闻戒词。"

1915年年底，张謇在濠南别业的大厅，为张孝若举行了庄重的冠婚礼，他亲自拟定典礼仪程，轰动全城。此后，濠南别业的大厅，张謇先生陆续接待过许多中外名人。例如：美国著名的哲学家、教育家杜威博士；京剧艺术大师梅兰芳；军阀孙传芳、徐树铮。

今天的濠南别业大厅中悬挂着张謇的手书对联："未镂已雕，不扶自直；垂德而处，虚己以游。"意思是作为一名君子要加强自身休养，自我努力，不需要借助外力而浩然正气，跟朋友间的相处也要谦虚谨慎、以德待人。中间挂有一幅画，画中头戴斗笠肩荷锄头的农夫形象是张謇，他特请江宁画家单林为其绘制，画稿完工后，先后邀请了翁同龢、郑孝胥等十多名社会名流和贤达题词，表达了立志农垦的决心。

1916年起，张孝若有了子女，家中喧闹，张謇不能安静治事，便主动搬到濠阳小筑，而别业则让给儿子一家。张謇再度住入濠南别业，是在1926年他临终前20天，无情的病魔终究夺去了他的生命。噩耗传出，人们纷纷赶往别业内的灵堂祭奠。

1937年抗日战争全面爆发，1938年南通沦陷，日本侵略者的南通警备队本部驻进濠南别业。抗战胜利后，国民党绥靖司令部的一个机关设在濠南别业。到1949年初南通城解放，韬奋印刷厂最先迁入濠南别业，此后，依次在内办公的单位有文化馆、中苏友好协会南通分会和抗美援朝南通分会、市委党校、文工团等。1983年，南通博物苑从市影剧公司和由市文工团分化的歌舞团、话剧团手中将濠南别业接收过来。

如今的濠南别业区域，占地面积约有4000平方米。作为南通博物苑的一部分，它同属于国务院1988年公布的全国重点文物保护单位。它的内部有反映张謇生平业绩的陈列和故居复原陈列，向社会开放。

濠南别业大厅

南通博物苑张謇故居——
濠南别业（摄影：施东升）

张謇纪念馆
Zhang Jian Memorial

△ 小筑正门

张謇是我国近代伟大的爱国主义者、著名的实业家、教育家、社会活动家。从19世纪90年代开始,张謇为实现"建设一新世界雏形"的救国理想,在家乡南通进行了实业、教育、文化、慈善等领域的一系列变革。张謇将"实业救国"、"教育救国"的理想与"地方自治"的实践相结合,以实干家的开拓精神、城市规划师的手笔、艺术家的情怀对家乡进行全方位建设,推动了南通早期现代化的进程,南通也成为中国近代史上最早由国人自主建设和全面经营的城市典范,其起始之早、功能之全、理念之新、实践意义之强,堪称"中国近代第一城"。张謇在南通创办事业之初居无定所,直至事业有所成就方营筑个人寓所。

张謇故居濠阳小筑,建于1917年,座落于南通市美丽的护城河——濠河之滨,是张謇晚年求静、治事、休憩之处。房舍保存完整，融合中国传统建筑风格与近代南通民居特征，古典建筑群环境优雅，人文气息浓郁。在张謇诞生150周年前夕，南通市人民政府拨款修缮了濠阳小筑，成立为"张謇纪念馆"。张謇纪念馆占地面积约1860平方米，建筑面积1200平方米，整体沿用了中国传统庭院式建筑风格，前厅后堂的布局，辅以西方的建筑装饰手法，宅院大门向东，前后有两排房屋。主体建筑有敞厅、花厅、六角亭和曼寿堂四大部分。前院有两座东西相并的建筑，为花厅和六角亭；后院中有一座砖木结构的二层小楼，是濠阳小筑的主体建筑——曼寿堂，楼前还种植着张謇当年从五山移植过来的罗汉松。院落的东西围墙上均有漏窗，可以从这儿看到濠河的美景；院内有砖砌的花圃，内植花木。各建筑间以

中国传统的回廊相连,整个院落给人以幽静典雅、庭院深深的感觉。

门厅南壁上悬挂着江泽民同志的题词"发扬爱国主义精神,建设社会主义祖国"的匾额。进门第一进为敞厅,主要介绍张謇晚年生平事业。敞厅的西侧为花厅,花厅是张謇当年用来接待宾客的场所。花厅以"师友交游"为主题,陈列了张謇与翁同龢、张之洞、孙中山、袁世凯、范当世等交往的照片。在花厅的西南角,有一座小巧别致的六角亭,这是馆内唯一一座西洋风格的建筑,当年是张謇的棋室。顺着回廊向北,是一个别有情趣的小庭院,庭院中一座二层砖木结构小楼即是纪念馆的主体建筑——曼寿堂。曼寿堂内以"家族传承"为主题介绍了张謇家庭生活等方面内容。

在张謇纪念馆,还可以漫步于庭院观花赏景。整个庭院中呈现出中国传统造园艺术风格的花墙、漏窗、月亮门、花架散见院中,梅兰竹菊、玉兰、海棠、牡丹、桂花满目皆是。

张謇纪念馆的建立是市委、市政府纪念和宣传张謇精神的一项文化工程,旨在弘扬张謇爱国爱家乡的思想以及创新开拓、探索进取的精神,以告慰先贤、激励来者。

5 纺织博物馆
Textile Museum

南通是著名的"纺织之乡",手工土布纺织自明清开始,已有七百年历史。南通也是中国近代纺织工业的发祥地之一,1895年,清末状元张謇在南通筹办的大生机器纺纱厂,是中国近代第一批机器纺织厂之一,也是其中发展最成功的一家。1979年10月中国自然科学博物馆协会筹备会议上提出创建南通纺织博物馆的设想,1980年3月由南通市人民政府研究决定开始筹建,1985年10月中国第一家纺织类行业博物馆——南通纺织博物馆正式开馆。

南通纺织博物馆位于南通市区文峰路4号,国家5A级风景区——濠河风景名胜区内,继承了张謇创办南通博物苑的传统特色——园林化,由著名建筑学家邓林翰先生设计,占地面积近20000平方米,建筑面积约7000平方米,展厅面积约4000多

中央庭院

创始人张謇　中国第一馆　建筑特色　重要馆藏　基本陈列　**主题展览**　社会教育　学术交流　参观指南

街铺内景

街铺沿湖外景

平方米,馆藏文物1万多件,是我国第一座纺织专业博物馆,集历史、科普、园林为一体,被国内外观众誉为"纺织大观园"。

展区分主馆和辅馆两大部分,采用室内和露天复原的陈列形式。主馆以各种原始的手工纺织机具和精美的传统手工纺织品等古近代文物组成五个展厅,集中展示了中华民族悠久的纺织历史和灿烂的纺织文化,系统介绍了南通地区从早年的手工土布生产到近代机器棉纺织肇始的演变过程。辅馆由手工作坊等组成的街铺及近代著名实业家、教育家张謇创办的大生纱厂等构成露天复原陈列,生动再现了堪称"中国近代第一城"的南通城乡二十世纪初纺织生产、贸易、教育的情景。其中迁建的大生纱厂近代纺织车间,是张謇先生1895年创设的大生纱厂原始车间的拆迁异地复原陈列,真实保留了十九世纪末张謇先生创办时的历史原貌,2004年被列入南通市文物

纺织博物馆近代车间

创始人张謇　中国第一馆　建筑特色　重要馆藏　基本陈列　**主题展览**　社会教育　学术交流　参观指南

保护单位。陈列的纺织机具，品类齐全配套，大都为 1895 年英国曼彻斯特出品的老牌纺织机器，是洋务运动后期由张之洞经手引进的民用动力机器的历史遗存。这批纺织机具是中国引进的现存最早、保存最完好的动力纺织机械，是中国民族工业百年历史唯一具有代表意义的历史遗存，十分珍贵，具有极其重要的历史价值，大部分都被定为馆藏一级和三级文物。

南通纺织博物馆 1998 年被列为江苏省科普教育基地，2001 年被列为南通市爱国主义教育基地，2004 年被列为江苏省爱国主义教育基地。2005 年又被列为南通市中小学生素质教育活动基地。

南通纺织博物馆坚持以专业特色办馆，为提高陈列的知识性、趣味性，加强与观众的互动性，推出了"做一天纺织人"系列活动项目，活动中特设了手工纺纱、织布、手工印染、中国结编织、布艺拼贴、棉花贴画、手工刺绣等各类体验项目，并配有专门的社教活动室，观众可在现场参与互动体验活动，以满足中外游客尤其是广大青少年对了解优秀传统纺织文化的浓厚兴趣。

地址：江苏省南通崇川区文峰路 4 号
邮编：226001
电话：85519289（办公室）85151995（业务部）13813728399（赵老师）
邮箱：fangbo8259@sina.com
交通：市内乘公交 8 路在三元桥站下车后沿文峰路向东步行约 450 米

07

社会教育
Social Education

新时代，南通博物苑充分发挥爱国主义教育示范基地的示范作用，改进展览陈列，优化参观线路，进一步发挥宣传教育功能，利用苑藏资源，年均举办各类社教活动 120 余场，公众讲座 20 余场，2021 年度接待各类游客共计 90 余万人次；着力讲好中国故事，弘扬爱国精神，努力把博物苑建设成公众培养爱国情感、培育民族精神的重要阵地，青少年培育践行爱国主义的重要课堂，企业家增强社会责任感的重要平台，让爱国主义代代相传、生生不息。

1

我学我讲——南通博物苑小小讲解员公益培训

I Learn, I Interpret: Free Training for Nantong Museum's Young Interpreters

一、活动概述

我学我讲——小小讲解员公益培训以培养博物馆小小讲解员的形式，吸引更多的青少年走进博物馆、爱上博物馆、融入博物馆，实现教育无痕，全面提升青少年的综合素质。

活动自 2011 年起开展，每年一届，面向社会公开招募 9-12 周岁适龄儿童，经培训考核合格后成为小小讲解员面向公众开展讲解志愿服务。到目前为止，累计培训 1000 余名适龄儿童学员，受到社会好评。

二、活动过程

每年 5 月底至 6 月初发布招募信息，采取自愿报名的方式展开工作。

报名截止后通过面试的方式择优录取，在暑期进行专业讲解培训。培训时间为一个月。共分四个阶段，分别为综合素质培训阶段、展厅讲解培训阶段、自主练习阶段以及讲解考核阶段。

第一阶段为综合素质培训阶段。课程内容参照国家培训专业讲解员的要求，结合未

成年人的知识结构和心理特点以及本苑展览，精心设置课程。内容有：公共场合礼仪、爱上博物馆、神秘的文物、可爱的动物、奇妙的植物、语言基本功、小小讲解员基本素养等。授课老师除了有来自南通电视台的专业主播，还有来自我苑各个业务部门的专家和老师。

第二阶段是展厅讲解培训阶段，由南通博物苑专业讲解员带领学员们进入展厅，进行实地的站位和态势语言的指导。

第三阶段是自主练习阶段，学员们自行到展厅练习。

第四阶段是讲解考核阶段，经考核录取的小小讲解员利用节假日来我苑展厅为观众提供讲解导览等服务。

此外，南通博物苑还专门设计制作《南通博物苑小小讲解员服务记录本》，根据小小讲解员的志愿服务场次、服务时长和观众评价，评选出"十佳优秀小小讲解员"，并颁发证书以资嘉奖。

三、活动特色

近年来博物馆的宣传教育功能越来越受重视，志愿服务精神越来越普及。小小讲解员公益培训以志愿服务理念为桥梁，将博

物馆与学校的教育作用相辅相成，不仅使孩子们的综合素质在学习和实践中得到了提升和锻炼，加强了少年儿童对本地区文化的认同和热爱，同时，也能把志愿服务的精神和理念根植于孩子们的心中并在实践中不断传递深化，实现教育无痕、濡染润育的目的，从长远意义上看，都是极具示范性和可推广性的。

四、活动影响

小小讲解员们利用双休日、节假日来本苑展厅为游客提供讲解等志愿服务。他们在展厅的服务不仅传播了志愿服务精神，缓解了博物馆节假日参观高峰期的压力，更为重要的是，他们像文明的种子，带领更多的观众尤其是青少年朋友走进博物馆。"我学我讲——南通博物苑小小讲解员公益培训"已成为我市公益品牌项目，在2015年荣获江苏省青年公益项目大赛一等奖，2016年荣获南通市公益项目服务大赛二等奖。

2 状元府邸话魁星

Talking about the God of Examinations at the Residence of a Imperial Examination Primus

一、活动概述

魁星崇拜在古代经久不衰,南通在明代,为助地方文运,地方士绅在南通城内建奎星楼,在文峰塔内供奉魁星像,以祈求得到魁星的护佑,在科考中能夺取功名。南通在清末的时候达到顶峰,在张謇考中状元后,南通人扬眉吐气、引以为豪,以唐诗"果然夺得锦标回"之意将奎星楼改为"果然亭"以贺状元。1917年张謇将此地营建为公园,重修此亭时将"果然"改为"适然",以表淡薄功名、顺其自然之意。张謇在致力于地方事业时,他创办的纱厂生产的棉纱却以"魁星"为商标,以彰其质量冠绝东南。在我苑园林景观以及展品中也多处有和魁星相关的内容体现。因此,我苑社教人员根据本苑独特资源,促进教育活动与苑藏藏品研究跌相进益,开发了"状元府邸话魁星"这一主题活动。让参与活动的青少年了解中国古代读书人心目中敬畏的神灵——"魁星"这一形象的由来,以此了解中国的科举文化。通过了解张謇科考及创办事业的经历,让青少年懂得:成功没有捷径,借助神灵的护佑是无济于事的,一切都要依靠自己的努力和真才实学。

二、活动过程

1. 认识魁星(活动地点:活动室)

(1)老师用影像资料和PPT,形象生动地给同学们介绍中国古代的科举考试,让大家对我国古代的科举制度有个初步的了解。

(2)运用简易天文图,从古代天文学角度阐述奎星。让学生明白魁星原本是指古代天文学中二十八星宿之一,是北斗七星中形成斗形的前四颗星,这四星之所以合称为"魁星",是因为其外形像斗形,"屈曲相钩,似文字之画",被联想到像文人所写的文章,

苑藏清代鎏金魁星像

因此把奎星又称为"魁星"。

（3）通过拆字法来理解魁星的"魁"字。把"魁"字拆开看就会发现，一半是鬼，一半是斗，说明魁星是个长相狰狞、面目丑陋，但又是才高八斗、主管功名的神。这样便于学生对魁星形象的理解。

（4）欣赏各种材质、各种艺术表现形式的魁星，让学生总结魁星的代表性动作：单脚立鳌头，手执朱笔点墨斗。寓意独占鳌头、魁星点斗，从而理解古人对魁星的狂热崇拜。

（5）通过情境迁移教学法，给学生们介绍他们所熟悉的场所中和魁星有关的内容。让学生明白魁星只是人们想象出来的一位神话人物，是人们的一种美好祈愿，一切学问和成就还得依靠自己的真才实学！

2. 寻找魁星（活动地点：展厅、园林）

在老师的带领下，同学们进入博物苑展厅和园林，以小组的形式根据博物苑地图上对魁星位置的显示，寻找"魁星"。在每一个有魁星的点上，学生们仔细观察、用心记录，老师细细讲解该处魁星故事的前世今生。让学生们了解南通与魁星文化有关的古代历史；了解近代状元张謇的科考经历和创办纱厂的过程；明白张謇把出厂

认识魁星

寻找魁星

棉纱商标以"魁星"命名的良苦用心。最后以小组为单元完成魁星知识图表。

3. 模仿魁星（活动地点：新展馆第一展厅，魁星展柜前）
同学们仔细观赏我苑藏品——清代鎏金魁星像。回忆课堂上老师对魁星肢体动作的解读，现场对照展品讲述该魁星像的肢体动作以及含义，并自己尝试模仿魁星的动作，最后进行模仿PK赛。模仿最像、动作持续时间长并最稳固的学员获胜，获胜学员成为本轮活动的"状元"。

模仿魁星

4. 制作"魁星"（活动地点：活动室）
同学们利用多色超轻黏土、A4纸、蜡笔、彩铅等，根据自己对魁星的认识，亲手制作魁星像。制作过程中，在保证魁星主要肢体动作寓意不变的情况下，充分调动学生的想象力、创造力。全部完成后，以投票形式评选出魁星制作"创意状元"。既锻炼了学生的动手能力，又培养了学生的审美和欣赏能力。

5、课堂总结（活动地点：活动室）
简单回顾课程内容，帮助学生加深记忆。学生通过交流本次活动的心得体会，树立正确的学习态度，以更好的学习姿态投入以后的学习中。

三、活动特色
活动遵循学生的身心发展和认知特点，充分运用情境教学法、拆字法、互动体验法等教学手段，充分调动学生聆听、学习、参与、互动及自我发挥的积极性，使其学习效果达到最佳状态。同时，该活动结合学校教育、家庭教育对学生的正确引导，有助于学生形成良好的学习品德，帮助学生树立正确的世界观、人生观和价值观。

四、活动影响
活动从知识、能力、情感三方面来评测，均收到良好的效果。充分运用情境教学法、拆字法、互动体验法等教学手段，有效地激发了学生们的学习兴趣。在收获知识的同时又提升了观察、思考、动手、审美等各方面的能力。

本活动除本苑常态化开展、本地学校预约体验外，甚至把外地的教学机构也吸引过来了。家长和老师表示："状元府邸话魁星"课程除了能让孩子们学到知识、锻炼能力外，还让孩子明白道理：即成功没有捷径，寻求神灵护佑只是心灵慰藉，做任何事情都要依靠自己的努力和真才实学，以此促进孩子端正学习态度，形成良好的学习习惯，进而帮助他们形成正确的世界观、人生观、价值观。

活动自2016年推出后，受到社会的广泛好评，并荣获2018年度江苏省博物馆青少年教育课程优秀教学设计。

3 经纬天地——南通纺织艺术工坊
Weaving the World: Nantong Workshop for Textile Arts

一、活动概述

南通是江海摆退后形成的冲击平原，沿海有着广阔的滩涂资源。从5000年前青墩出土的纺轮、骨梭，到明清两代蜚声全国的棉花之乡、土布之乡，再到当今南通家纺在全国的龙头地位，无不说明南通与纺织血脉相连。

本系列课程共有3个主题课程组成，分别是：棉花的前世今生、棉花到布的旅程、奇妙的经纬天地，这3个主题课程既可单独开课，也可系统教学。通过融知识性、趣味性、艺术性、娱乐性为一体的进阶式教学模式，让青少年受教者了解棉纺织原料、纺织工序流程、纺织技艺的发展历程，并在课堂中获得心、脑、手并用的学习体验，满足他们对事物追本溯源的好奇心，同时也加强了青少年对本地区传统经济产业——纺织业的认识，增强他们对本地区域文化和历史的认同感。

二、活动过程

1. 棉花的前世今生

（1）认知环节：利用PPT进行授课。

（2）实践环节：利用棉球、胶水、棉布、

卡纸等材料，制作一件创意作品。

2. 棉花到布的旅程

（1）认知环节：参观纺织专题展，认识各种纺织流程上的机器设备，观摩专业织工的纺纱、织布的操作表演，理解纱机、织机运作的基本原理。

（2）实践环节：学员们独立完成关于"棉花到布"的思维导图，及时巩固知识。

3. 奇妙的经纬天地

（1）认知环节：利用PPT和视频播放进行授课；认识纺织工序上的机器构件和运作的基本原理。

（2）实践环节：利用简易织机，自行设计制作棉线杯垫，体验中国古代的纺织工艺。

三、活动特色

1. 本系列课程操作灵活，课程开展形式灵活多样，每个课时既可单独开展，也可系列打包。

2. 课程定制了便携式迷你小织机，其他所需材料简单易取，都可方便携带。织机、纺纱车等大型设备是充分利用本地区现有资源，使"老"设备"活"起来，也因此使本课程可重复开展。

3. 纺织是中国传统技艺，在全国的多个新石器时期遗址中都曾出土过纺轮，说明纺织在中国出现早、分布广。因此，本课程不仅可以在南通开展，也可以在其他与纺织有关的地区开展，更可以联合开发为以"纺织"为主题的研学线路。

四、活动影响

"经纬天地"系列课程近两年来多次开展，平均一季度开展一次，每次参与活动人数从20人到50人不等，累计参与人数共计500人以上。参加活动的学生从南通地区各县市分布至外省市，范围较广。

一些学校在知晓该系列课程后，把学生分批分次以团体的方式预约该课程。同时，弘博网、江苏公众科技网等媒体对活动给予了宣传报道。

4

"七彩夏日"——南通博物苑小小科普员培训活动
"Colourful Summer": Training Courses at the Nantong Museum for Young Science Interpreters

该活动是南通博物苑针对未成年人教育推出的一项暑期科普教育实践活动。活动以"博物苑的绿色游学"为主题，充分发挥本苑园林、中药坛等自然资源和科普展馆、专业科普工作人员的优势，于暑期引领学生走出课堂，走进博物苑，通过研究方法、技能等方面的辅导，帮助学生掌握科学探索的一些方法，体验科学研究的乐趣，促进学生动手能力和思维能力的发展。活动自2012年坚持不懈地开展以来，为社会输送了一批又一批小小科普大军。

活动由探幽园林小径和制作植物标本、叶贴画等课程组成。学生通过亲身对环境的感受和看、摸、闻、尝以及采集植物标本、收集形状各异的树叶等多重体验，来让学生辨识并记住身边常见的植物，并通过辅导制作植物标本、叶贴画等技能的培训，进一步巩固所学知识，引领学生从小爱科学、讲科学，最后通过"比一比""评一评"作品交流互动学习环节，从优秀学员中再评选出小小科普助教师，小助教将以小老师的身份参加下一期的活动。整体活动的设计是前后呼应、互相关联的体系活动，重点突出获得成果的快乐、获得知识的重要。

活动对象：中小学生
活动形式：向社会招募学员
活动方式：PPT授课讲解 现场示范操作 发放制作材料 辅导学生创作
活动用材：采集植物标本和形状各异、颜色多样的植物叶片、花瓣、针、线、台纸、彩色卡纸、白乳胶、剪刀、塑料袋
活动时间：暑假期间（7月—8月）

创始人张謇　中国第一馆　建筑特色　重要馆藏　基本陈列　主题展览　**社会教育**　学术交流　参观指南

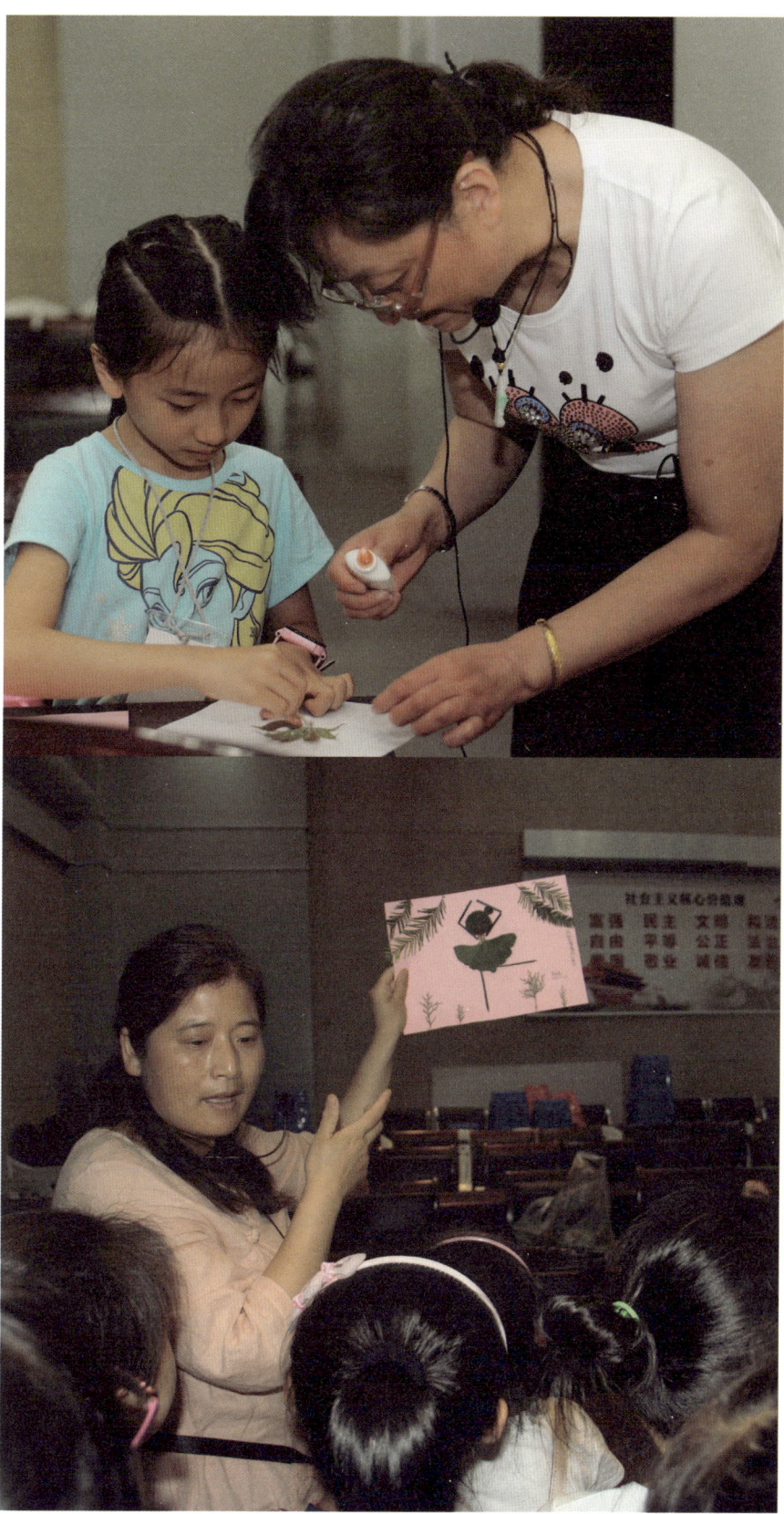

5 "缤纷冬日"——创意乐翻天·快乐科普进社区系列教育实践活动

"Winter of Diversity": Educational Practice Series "Joyful Creation, Happy Popularisation of Science Engaging Communities"

该活动是南通博物苑充分发挥专业科普队伍、自然标本的资源优势，于寒假期间走进社区，服务社区未成年人和居民的一项公益性系列教育实践活动。活动自2015年创设以来，围绕基本陈列和活动主题，先后开发了"小花草、大世界——插花授艺活动""叶子的舞蹈——叶贴画制作活动""最美中国吉祥年——押花贺卡制作""共享倾国色——牡丹折纸活动""植物的奋斗""跟青墩祖先学做陶器""旋转的贝壳""鸟巢建筑师""科学家大战害虫——蝗虫"等近二十个系列教育活动。

活动以"物"为切入点，始终把创意和快乐贯穿其中，通过图文并茂的PPT授课讲解、现场示范操作以及制作科普道具等方式，讲

解与该物有关的知识背景和它的前世今生,将学与做、古代与现代、历史文化与自然科普进行了大融合,鼓励每个参与活动的学生发挥奇思妙想,动手创意制作科普作品,体验探索科学的神奇与美妙,最后把成果带回家,以强化教育效果。

活动对象:南通各社区学生、居民
活动形式:走进社区开展活动
活动方式:PPT授课讲解 现场示范操作 发放制作材料 辅导学生创作
活动时间:寒假期间(1月—2月)

6 关注鸟类，保护自然
——南通博物苑"爱鸟护鸟"公益科普巡展

Focusing on Birds and Protecting Nature: The Public Interest Touring Exhibition for Science Popularisation "Loving Birds and Protecting Birds"

该巡回展览是南通博物苑针对未成年人开展的一项公益科普宣传活动。以苑藏鸟类标本和精心编写的科普知识图板为道具，通过本苑科普工作人员现场讲解导览、举办科普讲座、发放宣传资料和围绕主题展览开展的多样化实践活动形式，向广大学生介绍南通地区主要野生鸟类以及鸟类在生态环境保护中的作用，并传授鸟类分类方法的技能，使学生们在了解、认识和欣赏各种野生鸟类的过程中，不断增强爱鸟护鸟的意识，从而引导他们关注鸟类，保护生态环境。

2008年开展巡展以来，博物苑先后走进通州西亭小学、南通农场中学等43所农村学校，接待参观学生52510人，现场讲解导览556场，举办专题讲座28场，发放宣传资料38000份，赠送科普读物580套，并与南通市科学技术协会、南通市林业局等单位多次联合开展市级大型宣传活动，先后在电视台、报纸、网站等主流媒体报道逾百次，赢得了百姓的口碑和社会的普遍赞誉，树立了品牌。

活动对象：南通地区中小学生
活动形式：走进农村、学校举办展览
活动方式：现场讲解导览 知识问答解惑 主题实践活动 发放宣传材料
活动时间：江苏省"爱鸟周"期间（3月—5月）

7

志愿者
Volunteers

南通博物苑学雷锋志愿服务基地于 2014 年 5 月 18 日正式挂牌成立，开始系统地招募、培训社会志愿者，目前共有在籍志愿者 70 余名，承担讲解、摄影、社教等志愿服务内容。南通博物苑志愿者团队荣获南通市"志愿江海"2018 和 2019 年度优秀志愿服务组织、2020 年度江苏省优秀志愿服务组织。

一、展厅讲解

展厅讲解是南通博物苑志愿者最主要的工作内容，每周二到周日，都有讲解志愿者在展厅为社会公众提供免费讲解服务。南通博物苑新展馆内设置有"志愿者免费讲解服务"公示牌，观众可以通过公示牌了解当天提供义务讲解的时间和地点。仅 2021 年 1 月至 10 月，讲解时长就超过 2000 小时，讲解场次超过 600 场，服务人数超过 30000 人次。

二、摄影摄像

本书中之所以能看到这么多精美的照片，离不开南通博物苑摄影志愿者的辛勤付出。虽然人数不到 10 人，但是不论活动大小，每个现场都能看到他们的身影。在他们当中，有的是"科班出身"，有的是"半路出家"，有的仅仅是把摄影作为业余爱好，虽然技术有高低，风格也不同，但是他们都乐于奉献，愿意用自己的镜头记录下南通博物苑的精彩。

三、社会教育

社会志愿者来自各行各业,他们是连接博物馆与社会的桥梁,不仅把在南通博物苑学习到的知识回馈社会,也用自身的专业知识拓宽了博物苑的社会教育广度。

志愿者成敏就职于江苏省南通卫生高等职业技术学校,她利用自身的专业特长,在博物苑开展《牙齿的故事》《蛋炒饭的旅行》等社会教育活动,向青少年科普医学健康知识。

志愿者曹建清在国企负责消防管理工作,他在博物苑开展《消防应急知识》讲座,为青少年科普消防安全知识。

志愿者季永平退休前是高中生物老师,他充分发挥丰富的教学经验,在博物苑开展以植物为主题的科普活动,带领青少年制作叶脉书签、编秸秆,寓教于乐,深受孩子们的喜爱。

四、謇爱謇行宣讲团

2020年11月12日,习近平总书记到南通

博物苑参观张謇生平事迹展,并指出,张謇的事迹很有教育意义,要把这里作为爱国主义教育基地,让更多人特别是广大青少年受到教育,坚定"四个自信"。为了更好地宣传张謇,扩大公共文化服务范围,南通博物苑志愿者组建了"謇爱謇行"宣讲团。宣讲团把张謇故居濠南别业的展览内容制作成PPT课件,把展览送入社区和各企、事业单位。截至2021年10月底,宣讲团共计宣讲场次超过30场,服务人数超过2000人次,服务对象覆盖了社区、学校、养老设施、国有企业、民营企业、文化服务单位等较为广泛的范围。2021年5月,南通电视台《总而言之》节目也对宣讲团进行了专题报道。

08

学术交流
Scholarly Exchanges

南通博物苑高度重视科研成果的学术交流和资源整合工作,自进入 21 世纪以来,先后举办"南通博物苑一百年暨中国博物馆事业发展百年纪念大会""南通博物苑 110 年暨中国博物馆事业发展 110 年学术研讨会""'博物馆的历史'国际博物馆馆长论坛南通分论坛""江苏省博物馆学会 2019 年度理事会暨论文研讨会""中国博物馆青年学术研讨会"。

1

南通博物苑学术研究概况
Academic research of the Nantong Museum

1922 年 8 月 20 日，中国科学社第七次年会在南通举行。会议期间社员们来博物苑参观；梁启超、杨杏佛、竺可桢、丁文江、陶行知和张謇等在南通博物苑内的藤东水榭召开会议，从此拉开了博物苑学术活动的序幕。

1956 年 5 月 21 日，全国博物馆工作会议在北京召开，文化部副部长郑振铎在开幕词中指出："中国博物馆事业的历史并不太悠久。第一个公共博物馆除了帝国主义者们在沿海地区所办的几个外，要算张謇他们办的南通博物苑了。"这段话肯定了南通博物苑在中国博物馆发展史上的特殊地位。

1978 年改革开放以来，博物苑在解放思想、实事求是的思想路线的指导下，立足本地，从实际出发，尽心尽力做好博物苑的社会教

1922 年中国科学社在南通召开第七次年会

育、科学研究、文物保护等方面的工作。除了常年举办反映南通地区的历史、自然及张謇业绩等内容的展览，还不时地组织巡展，走进社区、服务社区，弘扬爱国主义精神，传播科学文化知识。1978年和1979年，南通博物苑与南京博物院先后两次对海安青墩遗址进行发掘，发现新石器时代墓葬98座，并获得重要成果。海安青墩遗址的发现，将南通市的历史向前推了4000多年。1979年10月9日，中国自然科学博物馆协会筹备工作会议在南通市召开。下午会议代表来苑参观。

随着经济社会快速发展，南通市综合实力不断增强，在国内外的知名度明显提高。作为南通市重要的文化窗口和文化阵地，南通博物苑先后组织开展了大量的国际文化交流活动，1996年，南通博物苑首次走出国门，《南通博物苑藏明清书画展》在日本东京展出，并取得良好效果。

1995年10月31日，在南通市举办了"纪念南通博物苑建苑九十周年"活动，来自全国、全省文博界的200余位代表参加。上午参观南通博物苑。下午，在文峰饭店三号楼会议厅举行"纪念南通博物苑建苑九十周年"大会。

1995年南通举办"纪念南通博物苑九十周年"大会

2002年，南通博物苑苑刊《博物苑》创刊至今已出版发行31期。此后还出版了《南通博物苑百年史迹》《南通博物苑百年苑庆纪念文集》《南通博物苑文物精华》《博物苑的故事丛书》《笔阵文心——张謇诗文稿》《南通博物苑文献集（1905—2015）》《南通博物苑藏品选》《张謇全集》等书籍。2013年，南通博物苑参与编辑的《张謇全集》在"第28届全国古籍出版社社长年会暨2013年优秀古籍图书评奖会"中获一等奖。

2005年9月24日至26日，"南通博物苑一百年暨中国博物馆事业发展百年纪念大会"庆典在南通隆重召开，该活动由中华人民共

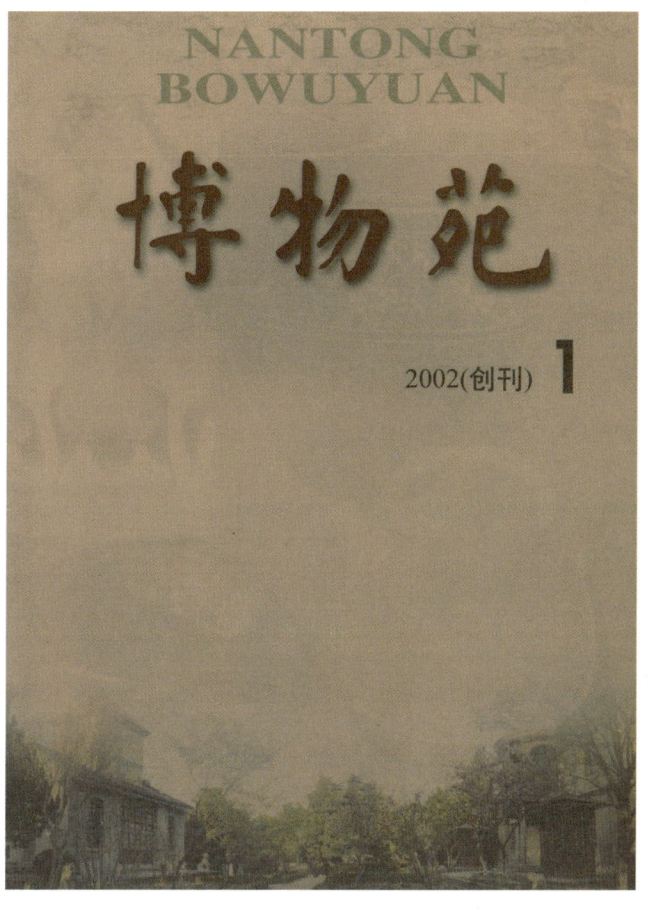

《博物苑》2002年创刊

和国文化部、江苏省人民政府、国家文物局主办,江苏省文化厅、南通市人民政府、江苏省文物局、中国博物馆协会、中国自然科学博物馆协会协办。中共中央政治局常委李长春、全国政协副主席刘延东发来贺电,向大会表示祝贺。全国政协副主席张克辉为"南通博物苑一百年暨中国博物馆事业发展百年纪念牌"揭牌。大会当天,隆重举行了中国博物馆事业发展百年展暨南通博物苑新馆的开馆仪式。庆典期间,在南通博物苑新馆的学术报告厅内举行了主题为"博物馆与城市发展"的中外博物馆馆长高层论坛。中国博物馆学会于9月25日在南通市行政中心举行了年会暨学术研讨会。来自国内外的文博、文化界人士及国际相关机构的代表共300余人出席了盛会。

百年苑庆后,南通博物苑推出"一博讲坛",不定期邀请国内文博界知名专家学者来苑讲课,现已举办50期,主题涵盖博物馆管理、展览策划、文物鉴定、公共服务、张謇研究、自然生物、新媒体与传播等方面。

2009年9月22日,由南通博物苑、日本涩泽荣一纪念财团和涩泽史料馆、美国密苏里大学圣路易斯校国际研究中心和美国圣路易

2005年中国博物馆学会南通年会暨学术研讨会

2015年环濠河博物馆群馆长论坛——博物馆服务公共文化之探求

斯·马康泰尔图书馆联合举办的"中（南通）日美实业家与近代化"国际学术研讨会在南通博物苑多功能报告厅隆重举行。会上，来自中国、日本、美国、英国、澳大利亚、韩国的海内外嘉宾、专家学者，以"中日美企业家在近代化进程中的角色"为主题，交流研究成果，增进彼此友谊。参加会议的代表认为，中日美三国是世界经济大国，有必要考察其工业化、近代化的进程，以及促进其经济发展的内因。本次研讨会对提升南通近代文化在国内外的影响，进一步增进三国人民之间的了解与友谊，推进彼此间在经济、科技、教育、文化等领域的交流与合作具有重大意义。

2015年11月27日上午，"南通博物苑110年暨中国博物馆事业110年学术研讨会"在南通举行。十一届全国政协副主席李金华，张謇嫡孙、原全国工商联常务副主席张绪武，国家文化部党组成员、故宫博物院院长单霁翔，国际博物馆协会中国国家委员会副主席、中国博物馆协会副理事长兼秘书长安来顺，江苏省副省长曹卫星和南通市委书记、市人大常委会主任丁大卫等参加开幕式。单霁翔代表故宫博物院与南通博物苑签订战略合作协议。与会领导和嘉宾进一步肯定了南通博物苑在中国博物馆事业发展史上的地位,对南通作为中国博物馆事业的发祥地,致力于打造具有鲜明特色的江海文化和文博之乡,在文化建设方面取得的显著成绩给予了充分肯定。27日下午,国内文博领域的专家学者围绕"反思 前瞻:博物馆在中国"的主题,就中国博物馆事业发展110年展开了学术研讨和主题发言。

2018年5月28日,"博物馆的历史"国际博物馆馆长论坛南通分论坛在南通新区会议中心开幕,来自法国、德国、美国、英国、丹麦、印度等国的20余位知名博物馆馆长,20余位国内博物馆馆长,多位国家及省市文博界领导、专家学者以及文博媒体参加了论坛。此次活动由中共江苏省委宣传部、国际博物馆协会博物馆学国际委员会、中共南通市委市政府主办,中共南通市委宣传部、南通市文广新局、南通博物苑承办。上午论坛主题是"从收藏到博物馆",由上海大学副校长段勇主持,上海博物馆馆长杨志刚、匈牙利博物馆馆长Benedek Varga作主旨演讲,13位嘉宾进行了交流发言。下午论坛主题是"博物馆的历史与现状",由江苏省文化厅党组成员、副厅长、南京博物院院长龚良主持,龚良、法国军事博物馆馆长亚历山大·德·塞里奇作主旨演讲,13位嘉宾进行了交流发言。

2021年5月15日至16日,由南通市文化广电和旅游局、南京艺术学院和上海大学主办,南通博物苑、南艺国际博物馆学院、上海大学博物馆和《艺术博物馆杂志》共同承办的中国博物馆青年学术研讨会正式举行。上海大学党委副书记、上海博物馆理事会理事长段勇,南京艺术学院院长刘伟冬,江苏省文化和旅游厅副厅长、南京博物院院长龚良,国际博协副主席、中国博协副理事长安来顺,南通市文化广电和旅游局局长葛锦坤,浙江省博物馆首席专家陈浩等一大批国内知名专家学者出席了活动。40余位专家学者在会上交流发言。研讨会旨在号召中国博物馆领域青年从业人员及学生,关注学术研究与学科发展,表达个人观点,活跃学术氛围。研讨会倡议:凝聚研究力量,从博物馆学、特别是中国语境下的博物馆学入手,既关注展览、教育、收藏、观众、文创等侧重应用的研究,也深化博物馆史、新博物馆学、博物馆管理、博物馆文化研究、博物馆人类学等侧重理论的探讨,更全面深入地剖析中国的博物馆,考察历史与现状并放眼未来,寻求切实有效的具体问题解决之道,确认博物馆文化在新时代的主流发展方向。

2 南通博物苑一百年暨中国博物馆事业发展百年纪念大会

Commemorative Conference Celebrating the Centennial of the Founding of Nantong Museum and the Development of China's Museum Sector

2005年9月24日至26日,"南通博物苑一百年暨中国博物馆事业发展百年纪念大会"庆典在南通隆重召开,该活动由中华人民共和国文化部、江苏省人民政府、国家文物局主办,江苏省文化厅、南通市人民政府、江苏省文物局、中国博物馆协会、中国自然科学博物馆协会协办。中共中央政治局常委李长春、全国政协副主席刘延东发来贺电,向大会表示祝贺。

南通博物苑一百年暨中国博物馆事业发展百年纪念大会

2005年9月24日上午,"中国博物馆事业百年展开展仪式暨南通博物苑新展馆开馆仪式"在南通博物苑新展馆广场隆重举行。全国政协副主席张克辉、文化部部长孙家正、国家文物局局长单霁翔、国家文物局副局长童明康、国际博物馆协会主席亚力山德拉·库敏斯等来自国际文博组织代表、国内外知名博物馆馆长、党政领导参加了仪式。张克辉、孙家正、单霁翔、罗一民等领导共同为百年展开展及新馆开放剪彩。

9月24日下午，在更俗剧院隆重举行了南通博物苑一百年暨中国博物馆事业发展百年纪念大会，晚上百年庆典专场文艺晚会《江海风》在更俗剧院演出，演出集中展示了一个世纪以来南通民间艺术、非物质文化遗产的发掘、整理的成果，为来参加会议的嘉宾献上了一道江海文化盛宴。

9月25日上午，由庆典活动组委会主办，中国博物馆学会、中国自然科学博物馆协会、省文物局、市政府共同承办的中外博物馆馆长高层论坛，在南通博物苑报告厅举行。来自国内外的博物馆馆长们，以"博物馆与城市发展"为主题，展开交流和研讨。

百年庆典期间，来宾们盛赞博物苑新老馆的有机联结、合理安排、科学布置，生动地展现了张謇的文博思想和办馆理念；盛赞南通博物馆保护、建设和整治的成果和环濠河文博馆群的建设成就；盛赞南通文博事业在城市文化深厚底蕴和在当代社会发展中的重要作用。

3

"南通博物苑110年暨中国博物馆事业发展110年学术研讨会"

Symposium Celebrating the 110th Anniversary of the Founding of Nantong Museum and the Development of China's Museum Sector

2015年,对于南通博物苑而言是不平凡的一年。1905年,张謇先生在南通创办了中国第一个公共博物馆——南通博物苑。它的建成,标志着中国博物馆事业的开端,成为中国博物馆事业发展史上的里程碑,南通也因此成为中国博物馆事业的发祥地。新中国成立后特别是改革开放以来,南通博物苑抓住机遇、开拓进取,迈入了繁荣发展新阶段。在南通博物苑的引领下,南通博物馆事业发展呈现出了喜人发展态势,环濠河博物馆群作为唯一的博物馆项目成功创建国家首批公共文化服务示范项目,"文博之乡"成为南通的一张亮丽名片。

为迎接南通博物苑110周年苑庆,全面推动南通博物苑各项工作,3月16日下午,南通博物苑在学术报告厅召开了"南通博物苑110周年苑庆动员大会",对苑庆的八大工作任务进行了周密的部署。

与会嘉宾会议现场合影

国家文物局、中国博物馆协会、故宫博物院、江苏省文物局、南京博物院等各级单位、部门和博物馆同行给予了高度地关注和支持。7月28日下午，南通博物苑一行专程拜访了故宫博物院院长单霁翔先生，经双方友好洽谈，取得了初步合作意向，并就陈列展示、张謇研究等方面的深度合作进行了探讨。

8月22日，中国博物馆协会副理事长兼秘书长安来顺博士专程来南通博物苑就110周年苑庆活动作工作指导。安来顺充分肯定了南通博物苑作为中国第一家公共博物馆的历史地位，他认为南通博物苑110周年意味着中国博物馆事业发展110年，举办苑庆纪念活动意义重大，他充分肯定了苑庆筹备工作思路，并就苑庆活动提了指导性意见。他指出，鉴于今年年初，中国博物馆协会将2015年度列为学科建设年，苑庆活动可立足于"中国博物馆事业发展暨南通博物苑建苑110年"这一主题，并与中国博物馆协会的"学科建设年"计划进行整合。中国博物馆协会将全力支持南通博物苑苑庆纪念活动的开展。

与此同时，市图书馆搬迁后的旧址及苑区东部的游船码头划归南通博物苑。为将苑区整体建设利用好，南通博物苑着手开启了二期规划建设，该项工程也被列入"南通市十三五发展规划"中，前期规划建设的职工食堂也投入运营。7月28日下午，南通博物苑为二期规划事宜登门拜访了两院院士、清华大学教授吴良镛先生。2005年，吴良镛院士主持设计了"南通博物苑规划设计＋单体方案"，由他设计建成的新展馆成为"纪念南通博物苑一百年暨中国博物馆事业百年"庆典的标志性建筑，新展馆的建成使南通博物苑获得全新的发展空间，整体形象焕然一新，实现了百年跨越式的发展，受到国内外瞩目。这次拜访，吴良镛院士非常高兴，他表示对张謇和南通博物苑怀有深厚的感情，他说：我为南通博物苑的设计工程还未完工哩。吴良镛院士对十多年前的设计记忆犹新，随即取出笔与纸，现场为博物苑的二期规划愿景绘制了草图。分别时，吴良镛院士表示"这项工程真正启动的时候，我要到博物苑实地考察。"

学术研讨会现场

为向来宾展示近年来南通博物苑的学术研究成果，苑庆期间，《笔阵文心——张謇诗文稿》《南通博物苑文献集（1905—2015）》《南通博物苑藏品选》等书籍面世，反映了南通博物苑110年来的建设发展历程和收藏研究的业务工作。网站也进行了改版，整体色调以绿色为主，清新淡雅。内容上共分"概况、收藏、展览、教育、自然、研究、服务"等7个一级栏目。为增强线上互动，新改版的网站通过三维展示，将藏品、园林景观、展厅呈现给网民，网民可使用鼠标控制浏览的方向，使其有身临其境的感觉。

11月27日，南通博物苑110年暨中国博物馆事业110年学术研讨会如期在南通举行。十一届全国政协副主席李金华，张謇嫡孙、原全国工商联常务副主席张绪武，国家文化部党组成员、故宫博物院院长单霁翔，国际博物馆协会中国国家委员会副主席、中国博物馆协会副理事长兼秘书长安来顺，江苏省副省长曹卫星和南通市委书记、市人大常委会主任丁大卫等参加开幕式。大会由南通市副市长朱晋主持，李金华、张绪武、安来顺、丁大卫等分别讲话。大会的成功举办吸引了《中国文物报》、中国博物馆协会网站、弘博网、新华网、《南通日报》《江海晚报》、南通电视台等多家媒体的报道。

研讨会期间，单霁翔代表故宫博物院与南通博物苑签订战略合作协议。双方约定将在文物保护、陈列展览、学术研究等方面开展合作。副省长曹卫星出席签约仪式并讲话。

与会领导和嘉宾进一步肯定了南通博物苑在中国博物馆事业发展史上的地位，对南通作为中国博物馆事业的发祥地，致力于打造具有鲜明特色的江海文化和文博之乡，在文化建设方面取得的显著成绩给予了充分肯定。同时要求要以此次研讨会为契机，把加快南通博物苑发展作为推动文化建设迈上新台阶、建设文化强市的重要抓手，努力推动南通博物苑更好地成为展示江海文化的重要窗口、培育和践行社会主义核心价值观的重要基地，促进我国博物馆事业发展的重要力量。

27日下午，国内文博领域的专家学者以"反思 前瞻：博物馆在中国"为主题，就中国博物馆事业发展110年展开了学术研讨和主题发言。学术研讨共分三个组进行，中国文物报社总编辑、博物馆学专业委员会副主任委员曹兵武，中国丝绸博物馆副书记、研究馆员蔡琴，中国文物报社总编室主任、研究馆员李文昌分别为三个讨论组组长，主持讨论。在讨论会上，有馆长回顾本馆馆史、介绍本馆情况；有学术论文作者代表的发言；也有专家学者针对中国博物馆百年发展史进行较为宏观的讨论等。

随后，曹兵武先生、南开大学历史文化学院教授黄春雨、中山大学历史学院教授徐坚、同方知网项目总监郝振国分别进行了主旨发言。曹兵武先生作了题为《作为媒介的博物馆与博物馆学》的报告。主

十一届全国政协副主席李金华参观南通博物苑

要是从媒介角度对博物馆的再认识以及对智慧博物馆的认识。黄春雨先生的报告题为《传统文化与现代化视野下的中国博物馆发展回顾与思考》。他对"让文物活起来"做了富有启发的阐释，同时提醒博物馆不是接待公众参观娱乐的场所，而是给公众提供精神指引的场所。徐坚先生的报告题为《走出收藏史 走向思想史》。他认为学术史是表达学科主张的，是为了前瞻而后顾。博物馆史的价值在博物馆，所以是基于博物馆的博物馆史。郝振国先生做了《从科研成果产出看中国博物馆事业蓬勃发展》的报告，介绍了知网发展情况和特色服务，强调了其学术资源整合的价值。

研讨会最后，浙江省博物馆馆长、博物馆学专业委员会主任委员陈浩总结发言，他指出中国博物馆事业在不断发展与自我完善，更应与时俱进，做这样一次全面回顾和未来规划是极有意义的。他也预告了2016年的博物馆学专委会年会将在安徽博物院举行，主题是"博物馆社会价值研究"。

11月28日上午，与会代表参观了南通博物苑。在南通博物苑讲解员的引领下分批参观了博物苑的新馆、南馆、中馆、南通大学农科旧址以及濠南别业等处的展览。为迎接110年苑庆，南通博物苑一次推出八大展陈，除新展馆《江海古韵——南通的古代文明》《馆珍遗韵——南通博物苑精品文物展》《巨鲸天韵——江海鲸类生物资源专题陈列》等基本陈列外，对张謇故居濠南别业内的展览《中国早期现代化的先驱——张謇》进行了充实，并新推出了反映南通博物苑110年历程的《博物情怀——南通博物苑史迹暨早期藏品展》，南通博物苑第一任苑主任——孙钺的《致敬苑丁——孙钺生平事迹展》，南通地区农耕民俗文化的《翻开记忆——南通农耕文化和民俗用品展》以及南通地方画家的《艺海一勺——苑藏书画展》。展览通过大量的苑藏文物标本突出了真实性和史料性，仅是《博物情怀——南通博物苑史迹暨早期藏品展》展品就达600多件/套，苑藏书画展也有百幅作品参展。

"博物馆的历史"国际博物馆馆长论坛南通分论坛

Sub-forum "History of Museums" in Nantong, International Forum of Museum Directors

2018年5月28日上午,"博物馆的历史"国际博物馆馆长论坛南通分论坛在南通新区会议中心开幕,来自法国、德国、美国、英国、丹麦、印度等国的20余位知名博物馆馆长,20余位国内博物馆馆长,多位国家及省市文博界领导、专家学者以及文博媒体参加了论坛。本次活动由中共江苏省委宣传部、国际博物馆协会博物馆学国际委员会、中共南通市委市政府主办,中共南通市委宣传部、南通市文广新局、南通博物苑承办。

南通市政府党组成员朱晋主持分论坛开幕式,中共南通市委常委、宣传部长刘浩,江苏省文化厅党组成员、副厅长、南京博物院院长龚良,法国军事博物馆馆长亚历山大·德·塞里奇(Alexandre d'ANDOQUE de SÉRIÈGE),国家文物局博物馆与社会文物司副司长金瑞国先后致辞。

南通市委常委、宣传部部长刘浩介绍,近年来,南通博物馆事业发展呈现喜人态势,全市先后建成了中国珠算博物馆等一批"国字号"博物馆,以及纺织博物馆等一批特色博物馆。全市拥有各类博物馆56家,平均每5万市民就拥有1座博物馆,"文博之乡"也已成为南通一张靓丽的城市名片。刘浩还说,"博物馆的历史"国际博物馆馆长论坛南通分论坛的举办,为我们进一步做好文博工作提供了一次学习借鉴、交流提高的机会,必将进一步推动南通博物馆事业的提升和发展。我们将以承办此次论坛为契机,进一步强化与国内外博物馆的交流与合作,不断推动中国文化遗产与世界文化艺术的创新与传承。江苏省文化厅党组成员、副厅长、南京博物院院长龚良表示,博物馆要服务社会发展,让社会更和谐,让人们更了解祖先过去的历史,让我们更了解传统生活有多美好,这些都是博物馆界的责任,博物馆也提供了一种生活方式,让人们走进博物馆成为常态。

开幕式结束后,分上、下午两段举行了分论坛。

上午论坛主题是"从收藏到博物馆",由上海大学副校长段勇主持,上海博物馆馆长杨志刚、匈牙利国家博物馆馆长 Benedek Varga 作主旨演讲,13 位嘉宾进行了交流发言。

上海博物馆馆长杨志刚以"博物馆的公共性与功能拓展——在南通博物苑再思博物馆的使命与担当"为题总结了南通博物苑诞生的历史性贡献,同时用当代博物馆的新理念审视中国博物馆百年事业的发展。他重点回应了张謇当年发掘的"导公益于文明,广知识于世界"的博物馆公共性,由此论述中国博物馆的功能如何伴随博物馆公共精神在时代层面上的呈现,而不断拓展。

匈牙利国家博物馆馆长 Benedek Varga 介绍了该馆的发展历史与藏品收藏在不同历史阶段的特色,他一直强调博物馆收藏得以反映国家历史的重要性。博物馆的角色在变化的世界中,身份认同的核心意义依旧没变,对国家的身份认同依旧重要。

德累斯顿国家艺术收藏馆绿穹珍宝馆与兵器库收藏馆馆长 Dirk Syndram 主要探讨了 18 世纪早期德累斯顿的选举藏品和皇家藏品是如何逐渐博物馆化的。黑森州卡塞尔博物馆群副理事长 Gisela Bungarten 介绍了德国卡塞尔博物馆与黑森家族的紧密联系与发展历程,该馆收藏了黑森家族自 15 世纪以来收藏的种类繁多的藏品。

布鲁肯塔尔艺术博物馆馆长 Alexandru Gh. Sonoc 介绍了该馆两百多年的建成历史与发展以及该馆在 2007 年起所取得的变化与对自身功能的全新定义。英国索恩博物馆馆长 Bruce Boucher 以"记忆剧场:约翰·索恩先生的博物馆与他的收藏"为题,介绍了该馆由家庭收藏变化为私人博物馆的历史发展及收藏特色。

卢浮宫学院院长 Claire Barbillon 介绍了该学院作为一所公立高等教育机构在博物馆学专业设置上的沿革变化与尝试。加拿大历史博物馆商业合作与信息管理部部长 Nicolas Gauvin 介绍了该馆作为加拿大标志性机构的成立与发展,他强调博物馆的历史反映了国家的演变,同时他也强调了多样性与多元化对于博物馆发展的重要性。巴伐利亚邦邦立古典珍品陈列馆与古代雕塑展览馆馆长 Florian Knaussβ 介绍了巴伐利亚收集希腊罗马文物复杂、曲折的历史,最后他指出巴伐利亚州的私人捐献、政府采购活动以及相关赞助者给博物馆添加了许多特色藏品,这些多样化的文物征集对博物馆发展具有重要意义。法国亚尔拉坦博物馆前馆长 Dominique Séréna-Allier 介绍了地区民族志博物馆的概况,她强调博物馆的馆藏呈现了普罗旺斯史前的传统和习俗,与其说这反映了一个真实的普罗旺斯,不如说是受到科技创新影响下,对古老的普罗旺斯一种刻意的怀旧。卢浮学院前教授、奥赛博物馆前文化处处长 Roland Schaer

从 18 世纪启蒙思想对博物馆业界发展影响谈起，回顾了欧洲当时不同阶段博物馆发展与变革的冲击与思考。

浙江省博物馆馆长陈浩以"博物馆个性化探索"为题，介绍和对比了中西方博物馆进行个性化追求的经典案例，他认为实现博物馆个性化，必须明确博物馆性质和定位，从各方面构建一个多维度的个性化文化综合体。首都博物馆副馆长黄雪寅以"谁收藏了文物？"为题，谈到了中国博物馆界文物征集的现状与困境，并表示博物馆文物征集对博物馆的发展及博物馆与公众关系的发展具有重要意义。河北博物院院长罗向军介绍了该院的历史、发展现状与成果。复旦大学文博系副主任朱顺龙以"博物馆·分享·体验与情感"为题，提出了中国博物馆教育功能的发展现状究竟如何的疑问，认为其中还有很大的提升空间，进而他提出了中国博物馆发展逻辑中需要注意拓展博物馆分享的宽度、深挖博物馆体验的深度以及提升博物馆情感的温度。

下午论坛主题是"博物馆的历史与现状"，由江苏省文化厅党组成员、副厅长、南京博物院院长龚良主持，龚良、法国军事博物馆馆长亚历山大·德·塞里奇作主旨演讲，13 位嘉宾进行了交流发言。

南京博物院院长龚良首先介绍了新时代下中国博物馆的多方面的变化，这些变化也带来了博物馆发展的新理念。之后，以南京博物院为例，介绍变革中的发展重点。最后，以 2015 年国际博物馆日的主题"博物馆致力于一个可持续发展的社会"来表达博物馆在提升公众认知上的作用。

法国军事博物馆馆长亚历山大·德·塞里奇介绍了法国军事博物馆的概况。该馆收藏了世界上最富有的军事史收藏品，他的目标是让其所有的游客更好地了解军事历史，更广泛地了解国家的历史。值得一提的是，法国军事博物馆和南通博物苑都在 1905 年创建。

巴黎楠泰尔大学政治社会学教授 Emmanuel Wallon 强调博物馆应该运用藏品与展示来进行公众教育，同时他也提出博物馆应该为公众提供更为深远的启示，他提到有人类发展的每一个片段都会有博物馆诞生。美国旧金山亚洲艺术博物馆馆长 Jay Xu 介绍了旧金山亚洲艺术博物馆的使命、目标和该馆的发展历史，回顾了中美展览交流的发展历史与成果，他认为未来博物馆多元文化体验是博物馆拉近与公众关系的重要载体。德国日耳曼民族博物馆馆长 G.Ulrich Grossmann 介绍了该馆的成立在于收集和调查德语国家的历史和文化，他强调了博物馆民族性的重要性和在国家层面的深刻意义。美国国会图书馆非洲与中东分馆馆长 Mary-Jane Deeb 从博物馆的历史和身份这一角度出发，介绍了美国国会图书馆的发展历程、馆藏及开放情况，她重点关注国会图书馆的历史沿革、身份和使命的变化，以及在国内国际上共享馆藏的模式。

丹麦民族历史博物馆馆长 Mette Skougaard 重点讨论了该馆如何处理展品和展览的基本部分，以及我们如何对待当前的国家历史和身份问题。印度孟买贾特拉帕蒂·希瓦吉·马哈拉杰博物馆馆长 Sabyasachi Mukherjee 通过对威尔士王子博物馆的个例研究，指出博物馆是包含了过去由自然和人类创造的东西的文化空间，同时也是个人和社区参与对话和交流想法的社会空间。巴塞罗那历史博物馆公关主管 Edgar Straehle 介绍了巴塞罗那历史博物馆的职责、使命和存在的意义，其拥有遍布城市的文化遗产展厅，从不同角度和主题去更好地理解巴塞罗那的历史，从而创造一个多元、复杂和完整的巴塞罗那历史。英国国家肖像馆策展人 Peter Funnell 介绍了该馆的建筑特色与发展历史，同时他也提出了肖像馆所面临的发展中的问题与该馆的尝试方法，他也强调了策展人的艺术性和加强与公众联系的必要性。

法国圣布里厄艺术与历史博物馆馆长 Elisabeth Renault 提出了关于博物馆的一系列问题。这些问题包括对社会博物馆角色和地位的重新思考，博物馆在当代世界的地位及与世界接触的益处，博物馆藏品收购与藏品废弃，博物馆陈列展览过期的问题，社会博物馆在古代收藏和以现实问题为中心的文化规划之间的两难境地，以及如何清楚地阐述文物藏品及展览。法国阿拉伯世界学院主席文化顾问 Claude Mollard 以蓬皮杜艺术中心的创建历史与发展历程为引子，再以卢浮宫等著名博物馆的创新举措历史为例，强调博物馆必须时刻充满活力，不能故步自封，需要勇于尝试。他一直强调博物馆改革的持续动力与不懈努力在于突破常规与激发无限可能。

中国地质博物馆副馆长王玲介绍该馆是国人自建的第一个公立自然科学博物馆，在服务支撑国土资源工作、开展社会服务和科普教育活动、推进全国地学博物馆发展等方面起到了重要作用。苏州博物馆馆长陈瑞近认为博物馆是一座城市的重要组成部分，应当了解自身在城市发展中的担当，融入城市，更好地践行社会使命。江苏省美术馆副馆长陈同乐从博物馆本位、博物馆焦虑和博物馆情怀三个方面阐述，他表示作为一名即将退休的博物馆人，仍旧愿意保持初心，探索各种"问题实践"的可能性。

论坛期间，国内外嘉宾还考察了南通博物苑、环濠河博物馆群。南通博物苑复原的张謇时期的展览给中外来宾留下了深刻印象。法国军事博物馆馆长亚历山大·德·塞里奇表示："作为法国军事博物馆馆长，我注意到我们应当通过展品让观众获得感动，当我来到南通博物苑，我首先发现这里包罗万象的收藏，有关于中国历史、中国社会、动物植物等等各种陈列。"法国亚尔拉坦博物馆前馆长 Dominique Séréna-Allier 称赞南通博物苑是 19 至 20 世纪最好的博物馆。张謇的博物馆理念得到了大家的一致认同，复原的早期展览也充分展现了"中国第一馆"的风采。

5

江苏省博物馆学会 2019 年度理事会暨论文研讨会

Annual Board of Trustees Meeting 2019 and Papers' Discussion Panel, Jiangsu Provincial Association of Museums

2019 年 11 月 17—18 日,由江苏省博物馆学会主办、南通博物苑承办的江苏省博物馆学会 2019 年度理事会暨论文研讨会在南通文峰饭店召开。近 70 家理事长单位、常务理事单位、理事单位的代表以及 100 余位论文作者与会。

17 日下午 14:30,大会开幕,南京博物院副院长、学会副理事长刘文涛主持开幕式。南通市文化广电和旅游局党组书记、局长葛锦坤在致辞中指出,这次会议在南通召开,为南通文博事业发展提供了难得的机会。南通市将认真落实会议要求,在博物馆高质量发展、文化产业提档升级等方面创出特色、做出成效。为全省文博事业的蓬勃发展贡献自己的一份力量。

随后进入颁奖环节。南京博物院陈列艺术研究所所长、学会展览专委会主任万新华宣读了首届"江苏省博物馆十大精品展览"精品奖和国际及港澳台合作奖获奖名单,南京博物院、南通博物苑、苏州

江苏省博物馆学会 2019 年度理事会大全景

南京博物院副院长、学会副理事长刘文涛主持开幕式

颁奖环节

南京博物院院长、学会理事长龚良作主旨报告

博物馆、江苏省美术馆等单位获奖。苏州市文物局副局长、苏州博物馆馆长、学会副理事长陈瑞近宣读了"2019年度江苏省'传媒+新技术'最佳推荐案例"获奖名单，南京中国科举博物馆、南通博物苑、徐州博物馆等单位获奖。南京博物院院长、学会理事长龚良，省文物局博物馆处处长、学会副理事长车宁等嘉宾上台依次为上述获奖单位颁奖。

开幕式最后，龚良院长作了题为《品质、效能、创新——关于博物馆事业发展与旅游贡献》的主旨报告。他在报告中指出：博物馆要坚守事业性、公益性的第一目标，服务公众和社会发展，弘扬中华传统文化和江苏地域文明，提升社会效益，发挥文化景观效能，关

南通博物苑苑长杜嘉乐主持会议

副理事长陈瑞近主持会议

副理事长车宁主持会议

注对社会、对文化和对旅游价值的贡献度；要依据地域文明、博物馆的性质形成特色与多样性，摒弃拿文物做展览的观念而用阐释见证物的意义及其背后的关系来讲故事，通过跨学科领域来突破常规和思维定势从而实现创新创意；要根据定位与特色的营造、优质的文化产品、良好的文化环境、贴心的文化服务、可引入性的提升、有效传播能力的扩大等方式，推动博物馆高质量发展。

17日下午16:00，江苏省博物馆学会召开2019年度理事会，南通博物苑苑长杜嘉乐主持。首先，刘文涛秘书长代表学会报告了上年度工作及财务情况。接着，学会下设的文创产品、陈列艺术、保管、社会教育与服务、传媒与新技术专委会分别作了上年度工作总结，并提出 2020 年工作设想。会上还讨论通过了新会员入会申请、学会会标等议题。学会理事长龚良总结发言时表示：学会要规范内部管理，重视财务、意识形态等工作；要进一步为年轻人搭建学术成果交流平台；与会单位要围绕博物馆高质量发展要求，结合"十四五"规划，创新创意，提高效能，吸引更多人走进博物馆。学会决定 2020 年由盐城市博物馆作为大会的承办单位。

18 日上午，学会 2019 年度论文研讨会召开，意在进一步加强省内同行的业务交流。陈瑞近副理事长和车宁副理事长主持会议。此次论文研讨会共收到论文 110 篇，其中无锡博物院肖炜、南京博物院田甜、中国珠算博物馆王海明等 12 位论文作者就各自的文章《文旅融合背景下博物馆发展的新模式、新路径——以无锡博物院为例》《首届"江苏省博物馆十大精品展览"评选活动的若干思考》《浅谈博物馆旅游景点建设的"点、线、面、体"——以南通珠算博物馆为例》等作了交流发言。此次研讨会的文章也将被择优出版成"文旅融合与博物馆创新发展"主题的论文集。

6　中国博物馆青年学术研讨会
China Museum Youth Symposium

2021年5月15日至16日，为提升环濠河博物馆群学术水平，提高环濠河博物馆群在长三角的知名度和影响力，结合"国际博物馆日"江苏主场系列活动，由南通市文化广电和旅游局、南京艺术学院和上海大学主办，南通博物苑、南艺国际博物馆学院、上海大学博物馆和《艺术博物馆杂志》共同承办的中国博物馆青年学术研讨会正式在南通博物苑多功能报告厅举行，研讨会上还发出了成立"长三角博物馆青年联盟"的倡议。上海大学党委副书记、上海博物馆理事会理事长段勇，南京艺术学院院长刘伟冬，江苏省文化和旅游厅副厅长、南京博物院院长龚良，国际博协副主席、中国博协副理事长安来顺，南通市文化广电和旅游局局长葛锦坤，浙江省博物馆首席专家陈浩等一大批国内知名专家学者出席了活动。

15日上午，研讨会由南通博物苑苑长杜嘉乐、南通博物苑党支部书记吴智明分别主持，葛锦坤、段勇、刘伟冬分别代表主办单位致辞，龚良、安来顺发表主旨报告。

15日下午，在青年论坛进行发言的有：郑奕（复旦大学博物馆馆长、复旦大学文物与博物馆学系）《如何评估博物馆对城市的影响力》；周婧景（复旦大学文物与博物馆学系）《溯源：略论博物馆现象的内在逻辑及其研究价值》；黄洋（南京师范大学社会发展学院文物与博物馆系）《博物馆使命宣言的新时代表达》；许捷（浙江大学考古与文博系）《故事陷阱——博物馆叙事的结构性风险》；沈文婷（江苏开放大学设计学院视觉设计系）《学龄前儿童博物馆美育课程设计及教学策略研究——以"回到恐龙时代"主题为例》；夏天眉（苏州市公共文化中心、苏州美术馆、中央美术学院美术史论系）《如何在一般市级美术馆藏品有限的情况下策划展览——以苏州美术馆馆藏"苏美宝笈"系列展园林篇"居然城市间"为例》。

5月16日，参会博物馆领域青年从业人员或学生围绕博物馆（美术馆、纪念馆）管理、藏品研究与展览、数字化建设、与社群关系、文创开发和公共教育等选题展开发言。展现了文博行业、专业的青年面貌，体现了博物馆界广泛的青年后备基础。活动期间，研讨论文评选结果揭晓，龚良、安来顺等嘉宾为获奖作者颁奖。

研讨会旨在号召中国博物馆领域青年从业人员及学生，关注学术研究与学科发展，表达个人观点，活跃学术氛围。研讨会倡议：凝聚研究力量，从博物馆学、特别是中国语境下的博物馆学入手，既关注展览、教育、收藏、观众、文创等侧重应用的研究，也深化博物馆史、新博物馆学、博物馆管理、博物馆文化研究、博物馆人类学等侧重理论的探讨，更全面深入地剖析中国的博物馆，考察历史与现状并放眼未来，寻求切实有效的具体问题解决之道，确认博物馆文化在新时代的主流发展方向。

09

参观指南
Visit Us

南通博物苑周二至周日开放，周一闭馆（国家法定节假日除外），开放时间为 9:00—17:00。观众可搭乘 5 路、8 路、12 路、33 路、301 路、51 路等公交至南通博物苑站点。此外，博物苑还为观众提供讲解预约、箱包寄存、免费婴儿车及轮椅等相关服务。

开放时间
Opening Hours

9:00—17:00
（16:30 停止入馆；周一闭馆，法定节假日除外）

参观预约
Book Guided Tours

1. 参观展览必须进行线上预约，预约成功后，现场刷个人身份证核销进入。
（线上预约方法：关注南通博物苑微信公众号 - 活动 - 参观预约）

2. 提供有偿讲解（需提前预约）和志愿者免费定时讲解服务，同时提供有偿智慧导览和语音导览服务。

3. 预约电话：0513—85062528（周二至周日）。

4. 收费标准：濠南别业门票 10 元 / 人，中文讲解 60 元 / 场。

交通路线
Getting Here

市内可搭乘 5 路、8 路、12 路、51 路至南通博物苑站点。

由南通火车站：可乘坐 32 路公交车至怡园北村站转 51 路到达；或搭乘 41 路至通宁大桥南站，换乘 51 路到达。

由南通兴东机场：可乘坐机场大巴市区线至小石桥站，换乘 5 路公交车到达；或乘坐 622 路公交车至友谊公交停车场站，换乘 5 路到达。

服务设施
Facilities for Families

1. 行李寄存
设置有电子自助寄存箱，大件物品可在展厅总服务台办理寄存手续。

2. 婴幼儿童车

可在服务台办理租用手续，押金 200 元。如婴儿车损坏，押金 200 元不予退还，即作为赔偿。

3. 轮椅

设置有残疾人（轮椅）通道及升降电梯，另准备有备用轮椅，有需要的人士可在服务台办理租用手续，凭有效证件并交付押金 200 元，如有未带有效证件者，需付押金 600 元。轮椅车损坏，使用人应承担维修费用，如损坏严重，即按 600 元赔偿。

租用的公用服务设施，应在当天工作时间内归还即退还全部押金，（工作时间为上午 9:00—下午 16:30，周一闭馆）。

参观须知
Instructions For Visitors

一、开放时间

如果您在展厅内丢失物品，请及时到服务台进行登记，如有人拾获，我们将第一时间与您联系。

1. 园林景观：6:00—18:00（17:30 后不再入园）。

2. 室内陈列：周二至周日 9:00—17:00（16:30 停止入馆），周一闭馆（法定节假日除外）。

二、门票收费

1. 历史建筑展厅：濠南别业＋南馆，为我苑历史建筑，按照市物价部门批复文件，实施保护性收费管理，须购票参观，联票：10 元人民币（未成年人、60 岁以上老人、现役军人、残疾人等免费参观）。

2. 园区、新展馆及其它展厅免费开放。

三、预约说明

1. 关注南通博物苑微信公众号，点击活动 - 参观预约，进行实名预约。

2. 预约成功后凭个人身份证件入馆参观。

创始人张謇　中国第一馆　建筑特色　重要馆藏　基本陈列　主题展览　社会教育　学术交流　<u>参观指南</u>

注意事项
Items not Permitted

1. 自觉遵守公共秩序，请勿大声喧哗，人多时请自觉排队参观。

2. 衣冠不整者、醉酒者、携带宠物者谢绝入馆。

3. 幼儿、无行为能力或限制行为能力者须在监护人陪同下入馆参观。

4. 进入展馆前请主动配合进行安检。

5. 禁止携带易燃易爆等危险品入馆。

6. 禁止在馆内吸烟、随地吐痰、乱扔杂物。

7. 请勿在馆内奔跑、追逐、攀爬、躺卧。

8. 禁止使用闪光灯、三脚架拍摄。

9. 禁止携带大件物品入馆。大件物品经安检后可免费"寄存总服务台"，小件物品可随身携带或存放到主展馆入口处"自助寄存柜"。

10. 爱护文物展品、展览设施及其它公共服务设施，如有损坏应照价赔偿并承担相应法律责任。

11. 禁止在展馆内从事与参观无关的事情。

其他
Others

一、智慧导览使用指南
南通博物苑开发了多样化、全方位的智慧导览系统，增加了支付宝黑科技，又开设百度百科博物馆，运用多种手段为公众参观博物苑之旅助力，带来全方位、深层次、灵活便利的沉浸式全新体验。

南通博物苑通过"智慧导览"服务实现公众与博物馆藏品交互的高度融合，提升展览质量，丰富参观体验。针对不同公众的参观需求，"智慧导览"利用智慧化提升参观体验，分层分级，通过资源优化整合和合理利用，为公众提供更加便捷的观展互动服务，带来灵活便利的沉浸式观览体验。比如引入针对老年人的多媒体自助导览机，通过刷身份证就可以免费租借，凭借简单的数字按键就可以收听专业的讲解；针对善用智能设备和现代科技的年轻人，则上线智慧导览讲解系统，使用 APP、微信、小程序、支付宝、百度等平台扫描展品获取文物背后故事讲解与 AR 动画演示等。

今后，观众参观南通博物苑的方式将越来越便捷，获取文物知识的形式将越来越多样。

智慧导览
微信语音导览
1. 扫描二维码，进入微信小程序，查看展品讲解
2. 也可扫描展项中二维码，即刻获取展品讲解

AR 智慧导览
1. 扫描二维码，下载云观博 APP，并允许使用相机功能
2. 选择"南通博物苑"，正对展品扫描，开启博物馆奇妙之旅

智慧导览机
1. 凭身份证到服务台免费租借
2. 将展项中二维码下方编号输入讲解器，点击绿色播放键收听
（归还时间：09:00—16:30）

支付宝平台
1. 打开支付宝扫一扫功能
2. 选择"AR"识别对准文物扫描即可体验智慧导览

百度平台
1. 百度搜索"百度百科博物馆"
2. 网页内搜索"南通博物苑"
3. 查看相应展厅及展品详情

二、《张謇企业家精神》线上 VR 展览

三、散客、团队参观预约

参观地图
Museum Map

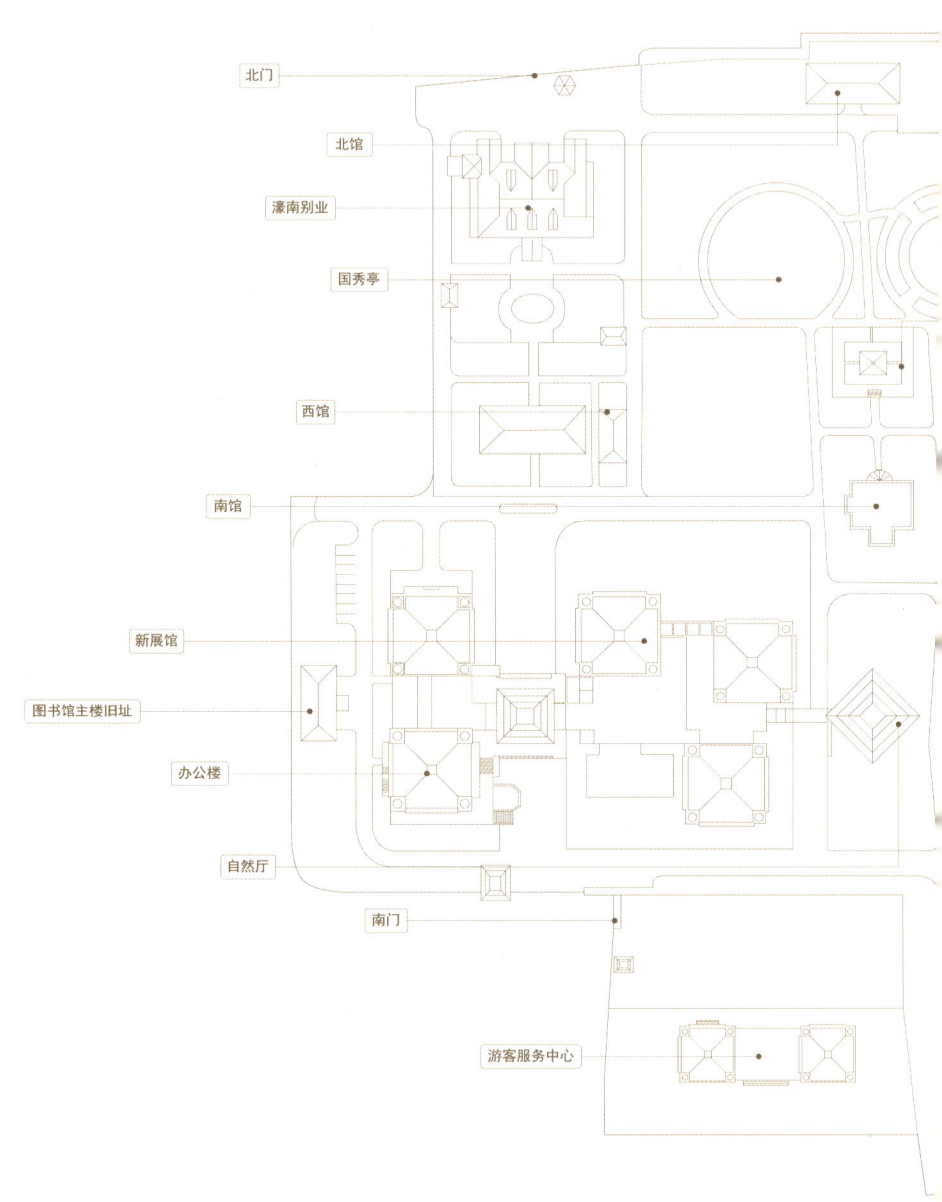

创始人张謇　中国第一馆　建筑特色　重要馆藏　基本陈列　主题展览　社会教育　学术交流　**参观指南**

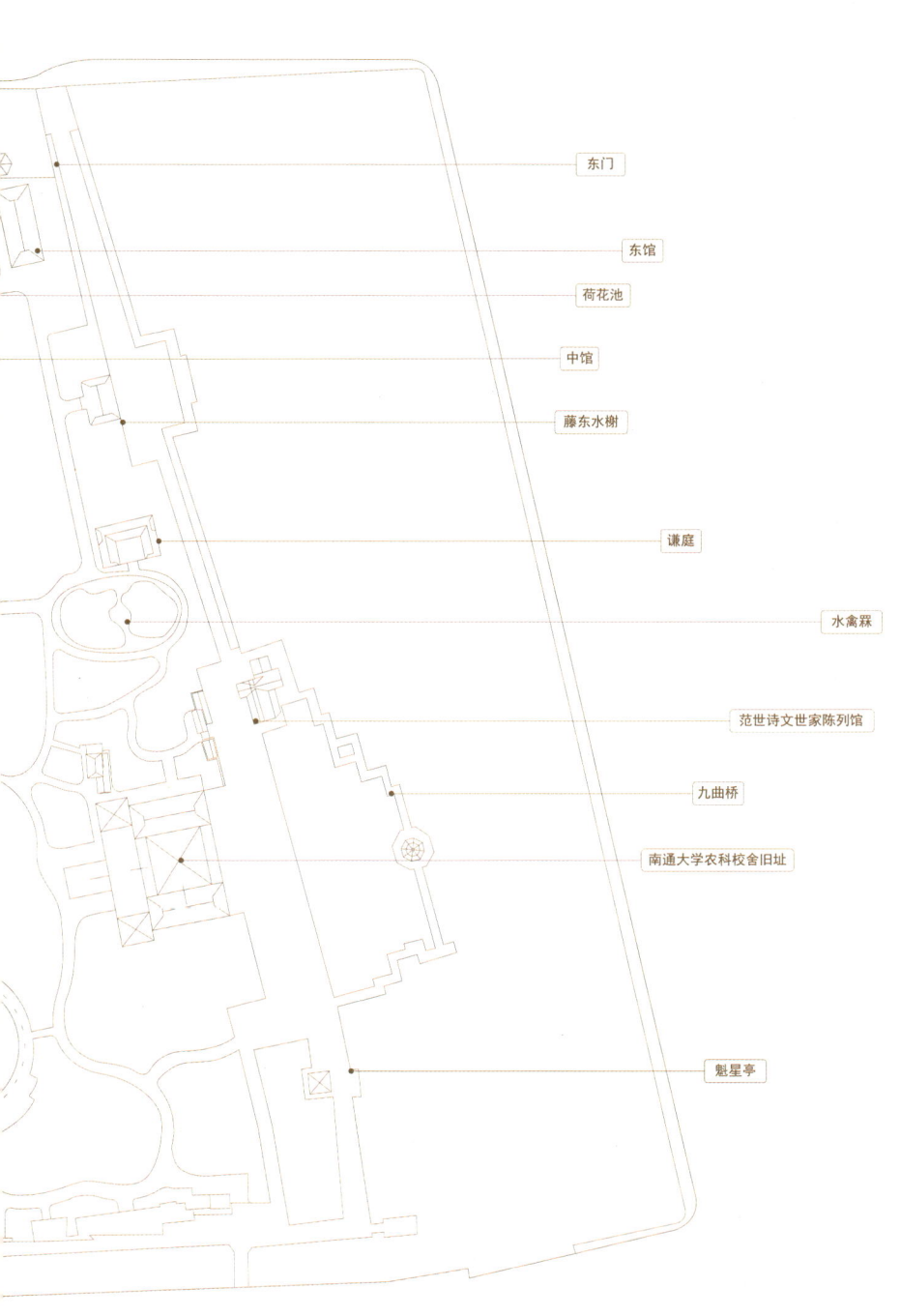

图书在版编目（CIP）数据

南通博物苑 / 杜嘉乐，李万万编著 . -- 北京 : 中央编译出版社 , 2022.5
ISBN 978-7-5117-3931-5

Ⅰ．①南… Ⅱ．①杜… ②李… Ⅲ．①博物馆—介绍—南通 Ⅳ．① G269.275.33

中国版本图书馆 CIP 数据核字 (2022) 第 058188 号

南通博物苑

总 策 划	张远航
责任编辑	李媛媛
责任印制	刘 慧
装帧设计	蒋 杰　谭培培
项目统筹	刘诗婷　高振华　徐 宁
特邀编辑	魏睿林　钱雯雯　杨 凌
项目助理	倪悦洋　包佩佩
出版发行	中央编译出版社
地　　址	北京市海淀区北四环西路 69 号（100080）
电　　话	（010）55627391（总编室）　（010）55627310（编辑室）
	（010）55627320（发行部）　（010）55627377（新技术部）
经　　销	全国新华书店
印　　刷	北京环球画中画印刷有限公司
开　　本	720 毫米 ×1020 毫米 1/16
字　　数	143 千字
印　　张	17
版　　次	2022 年 5 月第 1 版
印　　次	2022 年 5 月第 1 次印刷
定　　价	99.00 元

新浪微博：@ 中央编译出版社　　　　微　　信：中央编译出版社（ID: cctphome）
淘宝店铺：中央编译出版社直销店（http://shop108367160.taobao.com）　（010）55627331

本社常年法律顾问：北京市吴栾赵阎律师事务所律师　闫军　梁勤
凡有印装质量问题，本社负责调换，电话：（010）55626985